未来につながる働き方

じぶんサイズで起業しよう！

プチ起業の
リアルが見える
エピソード
満載！

バランス経営クリエイター
Suzuki Yoshiko
鈴木淑子

JN156026

SIBAA《シバ》BOOKS《ブックス》

はじめに

いきなりですが、あなたは、「起業」というとどんなイメージを持っていますか？

家族を巻き込んで、心配をかける
親戚や友人、知人からお金をかき集め、限度額上限の借金をして資金調達
生命保険を解約し、マイホームの頭金を投資
「億万長者になるぞ！」と根拠のない夢を語る
何やら怪しげなビジネスに手を染める（笑）

この本を手にとってくれたあなたなら、「はじめれば、なんとかなる」「絶対にもうかる！」というような根拠のない自信で、ギャンブルのような起業は、絶対にありえませんよね。でも、夫が、「起業したい」と言い出し、妻が止め、ケンカとなるパターンではよくある話なのです。

この本は、人生をかけた起業の話ではありません。

「一人何役もこなさなければならない」「仕事以外にやらなければならないこと」を多く抱えた女性の方に「じぶんサイズ起業」というもう一つの働き方や仕事の在り方を提案し、具体的に実践へと導くための入門書です。

そして、この本を手に取ってくださった男性の方。もしあなたが、じぶんサイズ起業に興味があるなら、「女性向け」だからと言って本を閉じないでください。この本を読めば、無理だとあきらめていた起業に向かって、一歩踏み出せるかもしれません。

さて、「じぶんサイズ起業」は、プチ起業です。

扶養範囲内か、月に七、八万円の利益で幸せな成功者です。

まずは、今の収入の二割を好きでもない、やりたくもない「イヤイヤ仕事」から、プチ起業で「ワクワク志事《しごと》」に変えることが目標です。

あなたは十分働いていています。家事、子育て、看病や介護など報酬は受け取っていませんが、それはりっぱな「仕事」です。さらに、パートや派遣社員で働き、自分のお小遣いを稼いだり、家計を助けたりしてはいませんか？　もしかすると、働き過ぎかもしれませんね。じぶんサイズ起業を始めたい方の多くは、ご相談時に雇用形態はそれぞれですが働いています。それらの仕事は、「自宅から近かったから」「短い時間の求人だったから」「残業がないから」など、残念ながら好きなことやりたいことではなく、さらに、自分の未来にもつながらない消耗の仕事をしています。

自分の未来につながる働き方を始めませんか？

「副業」ではなく、あなたらしい「福業」でプチ起業してみませんか？

世の中にはたくさんの起業ノウハウがありますが、それらは全力で仕事に集中できる男性やバリバリ働ける体力のある若い女性、または、家族の理解や周囲のサポートがあり、精神面、実質面共に応援体制が整った女性向けのものが目立ちます。家事や子育て、看病や介護と「一人何役もこなさなければならない」「仕事以外にやらなければならないこと」を多く抱えた女性には、それらの起業ノウハウは、あまりにもハードルが高すぎるのです。

だったら起業なんかしなければいいのに
家庭に専念すればいいのよ
今まで通りに働けばいいでしょう
「好きなことを仕事にしたい」なんて贅沢よ！

きっと、そんな声もあるでしょう。でも、「一億総活躍社会」といわれ、「女性が輝く社会」を作るならば「じぶんサイズ起業」というもう一つの働き方や仕事の在り方が、あなたのやりがいや生きがいになるのではないでしょうか。そして、家庭での役割が減ってきたら、プチ起業から個人事業主や経営者へステップアップも夢ではありません。

この本の中では、じぶんサイズ起業を始めた方々の体験や、今まで述べ千人以上の女性の方々の人生に起こるさまざまな問題をアドバイスしてきたライフ・ナビゲーターとしての経験を含め、義妹の闘病生活からはじまった著者自身のじぶんサイズ起業のノウハウを惜しみなくお伝えし、あなたを応援したいと思います。

「じぶんサイズ起業」とは、等身大のあなたが輝き、活躍する一つの働き方なのです。

もくじ

はじめに　3

じぶんサイズ起業　基礎編

第1章　「じぶんサイズ起業」とは何か？——14

副業ではなく、「福業」です　14
イヤイヤ仕事ではなく、ワクワク志事《しごと》　17
「消耗型」の働き方を「蓄積型」に変えていく　19
優先順位は何ですか？　暮らしで決める働き方　22
じぶんサイズ起業の「動機」は、たった二つしかない　25

「動機」と「きっかけ」は違っていい　28
「起業したいのでアイデアを下さい」は本末転倒　30
好きなことやりたいことがわからない〜起業ネタを探してはいけない　33
「起業」で自分らしさを探り発見する　35
「お金」以外の豊かさも受け取ろう　37

第2章　プチ起業の不安や恐れを小さくする方法 ―― 42

資格を取り続けても、起業スイッチは入らない　42
家族からの応援は「最後」でちょうどいい　45
家族に反対されない三つのコツ　49
起業について相談する人を間違ってはいけない　56
同じ資格でも起業サイズはそれぞれ違う　60
資金ゼロでも、借金ゼロで小さなリスク　63
主婦やパート、派遣社員は「プチ起業」を味方に　65
あなたの人生や暮らしを賭けてはダメ　68

第3章　育てよう！　プチ起業家マインド　72
「えっ？　もうお仕事していないの」起業一年後の現実　72
「資格を取れば起業もできる」は大ウソ　76
資格や技術は職人気質　78
成功に導く四つのワーク　79
イライラや不満足の原因は、ライスワーク100％だった　83
「好き」でいただいた千円札にワクワクと感謝　86
「できること」が好きな仕事を大きくする　87
「社会を変えたい！」使命は最後に動きだす歯車　90
複数のワークで「ジョギング経営」　92
ライスワークをゼロにするタイミングとは　94
収入の二割からじぶんサイズ起業を始める　97
第4章　女性のためのじぶんサイズ起業七つの心得　102
「起業したい」と考えても、本当に起業する人はわずか　102
三年後も自分らしく働いていたい　118

プチ起業からさらなるステージへ　じぶんサイズは伸縮自在　121

じぶんサイズ起業　実践編

第5章　じぶんサイズ起業家それぞれの時間と場所　126
最初から理想を求めすぎない　126
あなたらしい時間と場所を決める　128
事例から見えてくる起業のヒント　136
コラム・お金の話　160
1　お客様とトラブルにならないためのお金のつきあい方　160
2　お客様ゼロからの価格設定　166

第6章　じぶんサイズ起業の発信を始めよう！——174

ソーシャルメディアのはじめの一歩　174
流行に振り回されずにコツコツじぶん発信　178
ホームページとソーシャルメディアは使い分ける　180
有名人や芸能人のブログをまねしてはいけない　182
読者登録ゼロから始めるブログ発信　185
「書けない」を「書ける」に変えるコツ　186
あなたのお客様はそこにいますか　189
お客様との「絆」が深まる四つのステップ　191
「発信」は、自分メディア　196

第7章　気になる、選んでもらえる自分らしい肩書きを作ろう——200

会社の肩書きと起業家の肩書きは違う　200
肩書きは2ステップで作る　202
どんなイメージを連想するか聞いてみよう　212
本名で活動したくない場合　216

プロフィールに挑戦してみよう　217
肩書きやプロフィールは出世魚。変化とともにいつも更新　221

第8章　未来をつくるそれぞれの選択 ―― 224

経済学部へ入学します　224
起業を考えたら結婚が見えてきた　228
起業で出会った新しい自分　231
起業する、しないの先にあるもの　233

おわりに　235

じぶんサイズ起業

基礎編

第1章 「じぶんサイズ起業」とは何か？

プチ起業はあなたの人生に生きがいと豊かさを生み出します

副業ではなく、「福業」です

終身雇用が崩壊した昨今、収入を受け取る場所が一カ所では心細く、また、収入全体も一向に上がらないため、副業をしたいと考える人は増えています。

じぶんサイズ起業はプチ起業から始めます。

扶養範囲内か月に七、八万円の利益で幸せな成功者です。一般的な副業の平均が月四万円と言われている中で十分だと思いませんか？

現在、家事や子育て、介護が中心でお仕事をされていない方も同じです。収入ゼロから起業し、月に七、八万円の利益で幸せな成功者を目指します。もちろん、それ以上を求めることもできますが、まずは月に七、八万円を目標にします。

多くの方々、特に男性が副業を考える場合、その副業からどれだけ収入を得ることができるかを第一条件にしています。

お金を稼ぐことは趣味やボランティアではないのですから重要なことですが、それだけを目標にしてしまうと、仕事以外にもやらなければならないことがたくさんある女性にとってはうまくいきません。

大切なのは、副業の「質」。

あなたがこれから始めるじぶんサイズ起業という副業は（もちろん本業でもいいのですよ！）、じぶんの未来につながる、つなげる仕事であり働き方なのです。それは、単なる収入を得る手段としての「副業」ではなく、あなたの幸せにつながる「福業」でなければならないのです。

もし、目先の収入だけを考えたならば正社員はもちろんのこと、派遣社員やパートタイマーとして働くことをお勧めします。月々の給与、現金収入を得ることは確実でしょう。

あなたが働いた時間が労働時間となりお金に変わる。誰かに雇用される「従業員」という働き方です。

じぶんサイズ起業ではあなたが働いたすべての時間は短期的にはお金に変わりません。

お金のことだけを考えたら、「こんなに働いたのにこれだけしかもらえないの？」と驚きと落胆を経験するかもしれません。

でも、目先の収入だけを追って働き続けることは、あなたの未来にどのようにつながるのでしょうか？

今、あなたが何らかの仕事をしているとしたならば、その仕事はあなたの好きなことやりたいことなのでしょうか？

それは、あなたを幸せに導くものなのでしょうか？　じぶんサイズ起業は、単純に収入を得るための副業ではなく、あなたが幸せになるためので「福業」であることが大切なのです。


四十六歳のトシコさんは、子育てがひと段落したタイミングから家計も助けたいと地元のカフェでパートをしています。そして、懇意にしている美容院をベースに着付け師としてじぶんサイズ起業も始めました。

「このままカフェで働き続けていいのだろうか？」と疑問に思ったのです。

自分が好きなことやりたいこと、やれることは何だろうと考えたら着物の世界に戻ったと言います。

着付け師の資格は、既に結婚前に取得していたのですが、当時は仕事に結びつけず、結婚生活に入り、出産と子育てが続きました。

約二十年ぶりにフリーの着付け師としてプチ起業。成人式や卒業式、七五三の日は、早朝から大忙しだそうです。でも、もうしばらくは、経済と気持ちのバランスからフリーの着付け師の仕事とカフェのパートを両立するそうです。

もし、トシコさんが将来バリスタや自分のカフェを持つことが夢や目標ならば、カフェで働くことは未来につながり、幸せにつながる働き方、「福業」です。

しかし、単に自宅から近いから、ちょうど求人募集があったから、私でも働けるから、家庭との両立がしやすいから等の条件だけで働き続けたら、それは望む未来、幸せにつながるのでしょうか。

正社員でも派遣社員でも、パートタイマーでも同じです。

今の仕事があなたの未来につながるかどうか、あなたの幸せにつながる仕事なのかどうか、もう一度考えてみませんか。

イヤイヤ仕事ではなく、ワクワク志事《しごと》

ひと昔前に話題になった「サザエさん症候群」。日曜日の夜に放送されているアニメ「サザエさん」を見ると休日の終わりを感じ、明日からの仕事の始まりを思うと憂うつな気分になってしまうことです。世界でもブルーマンデーと言われ、広く認識されている症状です。

そんな経験ありませんか？

今振り返ると私は、好きなことややりたいことを仕事にしていたのではなく、その時々でやれることで収入を得る働き方、生き方を長く続けていました。

法律事務所の秘書から保険会社、銀行の事務部門と、生活のためと続けてきたのです。仕事が終わったプライベートや休日の時間こそ本当の私だと思い込ませ働いていたので、日曜日の夜はまさにサザエさん症候群、ブルーマンデーだったのです。

そんなイヤイヤ働くことは間違っていると思っても、周りを見渡すと皆同じような働き方や生き方をしていましたし、そこから出る現実的な方法もわからなかったのです。

そんな気持ちを女友達や妹に話すと、「だったら、結婚しちゃえば！」と一笑されましたが、やりたいことを仕事にして表現したい、カタチにしたいという思いはもっと深いところにあったのです。

働き方にじぶんサイズ起業を取り入れてから、サザエさん症候群はなくなりました。手間がかかる仕事や苦労することもありますが、「また明日から仕事か……」というような気持ちにはなりません。

さらにワクワクするだけではなく、あなたの仕事や商いは、もう一歩踏み込んだ志を持ったワクワク志事《しごと》であってほしいと思います。

あなたがお客様に届けたい商品やサービスは何でしょうか？　なぜそれを商品やサービスにしたいのでしょうか。

もう少し深く考えてみましょう。

そもそもなぜ起業したいのでしょうか？　まだ漠然としているかもしれませんが、個人的な願いとともに「こんな社会になったらいいな」「こんな未来になってほしいな」というようなあなたの中に熱い思いや願い、志がきっとあるはずです。その志を見つけ、志事《しごと》にするのです。

じぶんサイズ起業にとって仕事とは、あなたの志やビジョンを表現する、実現する場でもあるのです。

「消耗型」の働き方を「蓄積型」に変えていく

「消耗型」の働き方とは、あなたの気力や体力が奪われるだけで成長できない、未来につながらない働き方で、「蓄積型」の働き方とは、仕事を通して成長し、未来につながる働き方を例えています。

今まで多くの仕事のご相談を受けてきましたが、女性の仕事の内容は総合職や専門職の方を除くと細分化された会社のルーティンワークやアシスタント的な仕事が中心であり、残念ながら蓄積型の働き方ではありません。

また、せっかく蓄積型の働き方であっても女性は、結婚や出産、育児、介護や看護などの理由で働き方を変えたり、退職したりしなければならない「キャリアの分断」という深刻な状況があります。

その中でも家族の介護や看護を理由とした離職・転職者数は、最近では十万人を超え、全体の約八割を女性が占めて社会問題にもなっているのです。

一度退職してしまうと復職したくても正社員として雇用される割合は少なく、派遣契約社員やパートタイマーで雇用され、消費型の働き方となってしまうのです。

四十九歳のチアキさんは、ファストフードの店舗マネージャーとして勤続十一年目になります。店舗のことは移動を繰り返す社員店長より詳しいのですが、パートタイマーのマネージャーでは仕事範囲や権限は限定され正社員とは違います。

その経験を活かして転職を考えても年齢やまた新しい環境に入り、一から仕事を覚えなければならないのかと思うと決断ができません。その時間を、その日その日を働く消耗型の働き方を続けています。

多くをパートやアルバイトに頼らなければならない業態は、どこも人手不足で頭を抱えています。安い賃金で経験のない人でも仕事ができるように業務をマニュアル化して、非正規雇用の方々に働いてもらうという仕組みです。

日本の労働人口の減少と高齢化は以前からいわれていましたが、不景気が長く続いていたため人手不足が一部の業態を除き表面化しませんでしたが、人口の多い都心でも小売業やサービス業は特に深刻な人手不足になっています。そのため大手企業では、「人材の囲い込み」としてパートの正社員化に乗り出しました。その流れで、私の妹をはじめ何人かの友人たちは、長く非正規雇用で働いてきましたが、四十代になって正社員として雇用されてもいます。

ここで誤解してほしくないのですが、パートか正社員なのか、それとも自営業がいいのかと働き方の違いの良し悪しではありません。その仕事があなたの気力や体力を奪い、成長も感じられず未来につながらない「消耗型」の働き方なのか、それとも成長を感じあなたの未来につながる「蓄積型」の働き方なのかが大切なのです。

もし、今のあなたの仕事が蓄積型ならば、好きなことややりたいことでプチ起業を始めなくても良いのです。

しかし、チアキさんのように五年前も今も同じ仕事の繰り返しにこのまま働き続けてもいいのだろうかと、自分と仕事の関係や在り方に疑問を感じている人は少なくありません。

チアキさんが今後、じぶんサイズ起業をされるかどうかわかりません。

でも、自分の好きなことややりたいことでプチ起業する働き方、じぶんサイズ起業という在り方をお話しさせていただいたとき、チアキさんには、今とは違った未来が少し見えたようでした。

優先順位は何ですか？　暮らしで決める働き方

今のあなたの暮らしの中で「優先順位」はどのようになっていますか？

一番目は子育てですか、介護でしょうか。「起業しようかな？」と、考えているのですから、やはり仕事かもしれませんね。

一般的に起業家は、自営業かベンチャー企業の経営者として活動を始めるので企業で勤務している頃よりも仕事中心になり、優先順位の一番は「仕事」になります。

たとえ副業であってもバランスを考えていかないと本業で働き、副業でも働くように仕事ばかりの生活に陥ってしまいます。

一過性の場合は仕方がありませんが、それが生活リズムになってしまっている場合は、自分が望んだ生活なのか、幸せなのか、立ち止まって考えることをお勧めしたいです。

特に男性はこのような傾向が強く、残念ながら体調を崩したり、人間関係やパートナーシップに問題が起こったりして初めて気づくという状況になりがちです。

思う存分働きたい女性にとってはうらやましい生活かもしれませんが、本音のところではそのようなライフスタイルを望む女性は少数派です。

一方、家事や子育て、介護と一人で何役もこなさなければならない女性たちは、家庭と仕事、自分とのバランスが上手く取れずにイライラしています。いつも不満足な気持ちでストレスを溜め、ため息をついてしまいます。

三十八歳のアキコさんは、結婚後、ご主人の実家がある栃木県へ引っ越しました。慣れない土地での新たな生活と子育てに奮闘し、あっという間に八年が過ぎてしまいましたが、お子さんたちの就学をきっかけに在宅でできるデザインの仕事を始めました。

当初は、パートの仕事も考えたそうですが、前に述べたような「消耗型」の働き方に疑問を持ったことと、そもそも近所には求人がないという理由により自分で仕事を作り出そうと思い立ったのです。

工業製品のデザインの経験を活かし、名刺作成やロゴのデザインはなかなか好評で、ＳＮＳを通じて少しずつお仕事を広げ二年が過ぎました。

しかし、仕事の依頼が増えることはうれしいことなのですが、クライアントとの打ち合わせやおつきあい、新しいクライアントとの出会い、スキルアップのためのセミナー参加などいつの間にか東京への出張が増えていくようになっていきました。

アキコさんは家事や子育て、ご主人のご実家の手伝いと両立を考えて在宅デザイナーとして仕事を選択したにもかかわらず、流れるままに仕事を受け続け、新たな人間関係やスキルアップを楽しんでいるうちに優先順位の一番が「仕事」になっていったのです。

すると、アキコさんは「自分のことは自分でしてね」「お母さんは忙しいの」とお子さんたちへ無理やり自立をうながすようになり、ご主人が家事や子育てにもっと協力してほしい、ご主人の実家の手伝いは他の人に変わってほしい、と考えるようになりイライラや不満を募らせていったのです。

その頃、私はアキコさんと出会いお話をさせていただきました。

仕事は順調に進んでいくと結果も目に見えて面白いものです。また、お客様から感謝されよい評価もいただけるともっと、もっとと仕事にはまってしまいます。好きなことやりたいことを仕事にしているならばなおさら夢中になってしまうのです。

「一人何役もこなさなければならない」「仕事以外にやらなければならないこと」を多く抱えた女性の場合、気をつけたいところです。

仕事を優先する暮らし方は間違ったことではありません。

仕事を優先してきたからこそ敗戦から高度成長し日本が繁栄してきました。そして、今後も豊かで繁栄していくには、優先順位の一番を仕事にしていくことが幸せだと疑わない方々もいらっしゃいます。

しかし、時代は変化しています。働くすべての人々が優先順位の一番を仕事にした暮らし方や働き方をしなくてもよいのではないでしょうか。

あなたにとって今は子育てが一番大切ならば、子育てを優先した働き方をしましょう。

親の介護をしながらしっかりと経済的に働かなければならないなら、好きなことやりたい仕事は、週に数時間でも月にたった一回の仕事でもいいのです。

じぶんサイズ起業は、それが実現できる働き方の一つなのです。

じぶんサイズ起業の「動機」は、たった二つしかない

じぶんサイズ起業の動機は、たった二つしかありません。

あなたが、

「好きなこと」

「やりたいこと」

をする。この二つだけです。それ以外の動機で起業してはいけません。

なぜなら、これからあなたが始めるじぶんサイズ起業は、プチ起業であっても仕事です。決して、楽しいことやワクワクすることばかりではありませんし、ときに理不尽なことや予期しないことにも出会うでしょう。失敗もするかもしれません。

「儲かりそうだから」「今、流行っているから」と飛びつき「思ったより儲からない。採算が悪い」「効率も悪いし、もうブームは去った」と始めては止め、作っては壊すことを繰り返す。

このような仕事や商いの進め方もありますが、ワクワク志事《しごと》のじぶんサイズ起業とはビジネスのルールが違います。

お金「だけ」ほしいならやめましょう。

目先の収入だけを考えたら、パートや派遣社員で時間労働をし、賃金をいただいたほうが確実です。

もし、あなたが公務員や正社員のようにある一定の安心や安定の中で働いているならば、初めは手にする利益の少なさに途方に暮れてしまうことでしょう。

今すぐにでも本当は辞めたいと思っているけれど、毎月しっかりお給料がもらえる働き方を手放すことはむずかしく、不平や不満を持ち、モヤモヤしたまま定年を迎えるまで働き続けることを選択する方がほとんどです。定年まであと何年あるのでしょうか？


こんなことがありました。じぶんサイズ起業をスタートし、イキイキしている妻に夫が「それで今月の利益はいくらになったんだい？」とビールを片手にたずねたそうです。

妻は正直に「一万円くらいかしら」と、伝えると「えっ、あんなに手間暇かけて、たったの一万円にしかならないのか！」と笑われたそうです。

男性らしいリアクションですよね。

多くの男性にとって副業は、「稼ぐためのツール」です。

そのため、稼ぎが少なくお金にもならない「福業」をする妻の気持ちが、イキイキとかワクワクとかよくわからないのです。

好きなことややりたいことを仕事にし、対価としてお金をいただくことは心が躍ります。ただ義務的に働いて得たお金や投機の副産物として受け取るお金とは比べものになりません。後者はその金額だけが基準なのです。

個人的な願いとともに「こんな社会になったらいいな」「こんな未来になってほしいな」とあなたの中に熱い思いや願いのワクワク志事《しごと》のじぶんサイズ起業は、あなたの生活に張り合いをもたせます。と同時に「自分らしさ」が仕事を通して表現され、生きがいや自己実現へとつながっていくのです。

でも、誤解しないで下さいね。生きがいや自己実現を優先して、いつまでも赤字続きでは、起業した意味はありません。しっかり利益を出すことを考えるのは起業家として当たり前の事です。

ただ、じぶんサイズ起業は「お金」だけでは測れない、目に見えない報酬も豊かさと数え、受け取るのです。

お客様からの「ありがとう」や感謝の言葉は、じぶんの才能が活かされている実感や少し大げさかもしれませんが生きている喜びを感じることでしょう

「またお客様に喜んでもらいたいな」「もっと感動してもらうためにはどうしたらいいかな」と想像しながら、仕事や商いをしていくことにいつの間にか夢中になっていることでしょう。

楽しくもなくやりたくもない仕事では、お金以外の豊かさに気づき、受け取ることはなかなかむずかしいことです。

「好き」と「やりたい」という感情は、あなたを動かすエンジンです。

一人で何役もこなさなければならない、仕事以外にやらなければならないことがあってもワクワク志《し》事《ごと》へと前進させてくれるのです。

「動機」と「きっかけ」は違っていい

では、起業のタイミング、きっかけはいつなのでしょうか。

じぶんサイズ起業の二つの動機「好きなこと」と「やりたいこと」が見つかったときなのでしょうか。技術が身についたときや資格が取得できたときが良いタイミングなのでしょうか。

実は、じぶんサイズ起業家の先輩や私も含め、中長期計画の人生設計をしっかりした上で起業を選択した人は少数派です。多くの方々は、環境の変化や家庭の事情、本業の仕事やプライベートでの様々な出来事がきっかけでじぶんサイズ起業を考え始めるのです。

自分の強い意志というよりも「そろそろ起業のタイミングですよ」「起業を考えてみませんか?」と合図を送られているような流れが来るのです。

ご主人の転勤をきっかけに新天地でじぶんサイズ起業を始めた方もいます。子育てがひと段落したから、将来、親の世話が必要になるから、親の介護が必要になったから、本業の諸事情など「きっかけ」

は本当に人それぞれです。

様々な事情をきっかけに自分の働き方を見直し、仕事との関係を考え直した時に選択の一つとしてじぶんサイズ起業を選んだ方が多いのです。

私の場合は弟のパートナー、義妹が「余命三ヶ月の宣告」を受けたことがきっかけで自分の働き方を見直したのです。もし、義妹が他界した場合、就学前の二人の子供たちを実家である我が家で預かり育てることが、双方の家族間の話し合いで決まったのです。

その頃の私は実家に戻り、とある都市銀行で派遣社員として働いていました。七十代で自営業の父や生まれながら病弱な母とさらに二人の子供たちを預かり同居生活を送った場合、このままフルタイムで働き続けることはむずかしいと思ったからです。

自分の働き方や仕事との関係を見直していくうちに自分で仕事量やスケジュール調整ができる「じぶんサイズ起業」という働き方を選択の一つとして真剣に考えていくようになったのです。宣告から五年後、義妹は二人の小学生を残し天国へ旅立ち、私たちの同居生活が始まりました。

じぶんサイズ起業の動機は二つです。好きなこと、やりたいことで起業する。

しかしきっかけはこのように人それぞれなのです。

あとになって振り返ってみるときっかけは、「あなたの好きなことを仕事にしなさい」「やりたいことで多くの方々を幸せにするという働き方を始めなさい」という合図、サインだったような気がすると皆さんおっしゃいます。
動機ときっかけは違っていいのです。

「起業したいのでアイデアを下さい」は本末転倒

その日、四十九歳のヒロコさんは、岐阜から新幹線に乗って、起業講座受講のために東京・神楽坂まで来られました。

少し疲れた表情と気分が沈んだ様子は、実際の年齢より彼女を年上に見せていました。

話をうかがうと、以前にも複数の起業セミナーや個別コンサルティングを受けたけれども形にならず、はじめの一歩も踏み出せていない自分にいらだっていることが原因でした。

ヒロコさんは、すでに心理カウンセラーの資格を活かして、地域の心の相談員として八年のキャリアがありました。

しかし、その活動はボランティアのため収入はなく、また最近、スピリチュアルなカウンセリング方法にも興味関心が深まり、心理学とスピリチュアルの双方を活かしたオリジナルなカウンセリング方法でじぶんサイズ起業を始めたいとのご希望です。

じぶんサイズ起業の二つの動機である「好きなこと」と「やりたいこと」が決まっていたのでスムー

ズにスタートできると思ったのですが、実際は違った展開となってしまいました。

じぶんサイズ起業は、あなただけのひとり経営から始まります。

そのため、商品やサービス内容はもちろんのことブログやチラシ、ホームページのデザインや文章から お客様とのやりとりに、あなたの個性やセンスが色濃く反映します。

専門の方に依頼することもできますが、打ち合わせの段階でどのようにしたいのか、あなたの世界観を先方に伝え最終的に決断をするのは起業家のあなたです。

感性やセンスが良いに越したことはありませんが、あなたらしさが表現されていれば大丈夫です。

そのため、あなたの仕事や商いに表現することや伝えることがワクワクするか、面白いと思えるか否かがまずは成功へのワンステップになります。

ヒロコさんは、この「自分らしさ」でつまづいていました。

ヒロコさんは、子供の頃から周りを気遣い他者を優先する生き方をしてきました。

そして、一般企業で働きながらも傾聴を重視する地域の心の相談員としてボランティア活動もしています。それらの環境からなのか自分は何が好きで何をしたいのか。自分はどう思いどのように考えるのかというように、自分と向き合う習慣が少なかったのです。

相手を気遣い思いやることはすばらしいことです。

しかし、自分の世界観を仕事や商いに表現したり伝えたりすることは、じぶんサイズ起業の日常です。

あなたがどのように思い感じているのか伝えなければ、お客様にその商品やサービスの良さがわかりません。活動の端々に「自分発」が必要であり、求められるのです。

私は起業講座の中で、「あなたはどう思いますか？　どのように感じますか？」とよく質問させていただきます。一緒に仕事のカタチや仕組みづくりをしていきますが、「私にはわかりません」「私にはできません」と丸投げをして、他の人の手で生み出されたものやアイデアを体裁良く整えて起業したとしても、長くは続けられません。あなたにとっても楽しくないはずです。


残念ながらヒロコさんは、「起業したいのでアイデアを下さい。でも、自分のことはよくわかりません」という言葉を残し岐阜に戻られました。

今まで受けた起業セミナーやコンサルティングでも自分を掘り下げる、自分と向き合う課題が出されるとなかなか手につかず途中でやめてしまったそうです。

それは、それぞれの専門家がヒロコさんのために失敗しない安全で安心なビジネスのテンプレートを作り、あとはヒロコさんが運営するだけで仕事や商いができるものだと思い込んでいるのです。

日本の多くの女性たちは、学校では集団行動の大切さを教えられ、企業では個性を発揮することではなく社風に染まり、歯車の一つとして正確に働くことを評価されてきました。

家庭では個で生きるより娘であり、妻や母として生きることが当たり前の世の中が長く続きました。そのような環境下で自分がどのように思い、感じるかなど深く考える習慣などないのです。

それが日本ではなかなか起業家が、特に女性の起業家が育たない大きな原因の一つだと思います。

起業家は、自分のアイデアをカタチにすることに喜びを覚える人です。

じぶんサイズ起業は、「自分屋」なのです。

人のアイデアをそのままカタチにすることで満足する人ではないのですから、「起業したいのでアイデアを下さい」は本末転倒になってしまうのです。

好きなことややりたいことがわからない〜起業ネタを探してはいけない

「起業したいのですが、好きなことややりたいことが何だかわかりません。見つかりません」という声をよくお聞きします。

そのような時、私は好きなことややりたいことで起業するための考え方やノウハウについて伝えサポートさせていただいているので、お役に立つことができない、力不足であるとお話しさせていただいています。

しかし、女性たちのお悩みに接して思うことは、彼女たちが自分の気持ちに気づく、心の声を聞く感覚を忘れているだけか、その機会が圧倒的に少ないだけなのだと思います。

振り返ってみましょう。

あなたはいつ頃から好きなことややりたいことがわからなくなりましたか。

いつ頃から好きなことややりたいことを考えない生活がはじまりましたか。

いつの間にか妻や母として、娘として生きることを優先してきたので自己という感覚を忘れてしまっただけではないでしょうか。

単にあなたの好きなことややりたいことが仕事に結びつかないだけで、趣味やプライベートでは色々あるのでしょうか。もしかすると好きなことややりたいことなんて出来ない、やってはいけないと思ってはいませんか？　それはワガママで人に迷惑をかける生き方であると誤解しているのではないでしょうか。

このように心の自然発火装置が少し錆びついていたり、元栓が占められていたりする場合は、点検や修理、リハビリが必要になってきます。あなたの中に眠っている好きなことややりたいことを発見する、引き出すための質問やワークをしましょう。

あなたのやりたいことを見つけたり、潜在能力を引き出したりする専門家の力を借りたいならばコーチングを受けても良いかもしれません。

大丈夫です。きっとあなたの心には好きなことややりたいことが眠っています。それを仕事や商いにする、起業するかどうかはまた別な話なのです。

好きなことややりたいことを仕事や商いにするという考え方については賛否両輪あります。「仕事は遊びじゃない」とか「好きなことを仕事にすると好きなことではなくなる」というような考え方です。

しかし、「売れそう」「儲かりそう」という理由で起業のネタを探し、あなたの好きなことでもない、やりたいことでもないことでじぶんサイズ起業を始めても長くは続きません。

きっと忙しい日々に追われ疲れてくると起業した意味を見失い、多くの仕事同様に労働となり、活動にブレーキをかけてしまう可能性があるからです。

好きなことややりたいことがわからない、見つからないときは、「起業ありき」と限定せずにまずは自分と向き合い、心の声を聞くことからチャレンジしてみましょう。

「起業」で自分らしさを探り発見する

さて、ここまで何回も「自分と向き合う」という言葉が出てきましたが、自分の気持ちや心の声を聞くなど「いったい起業に何が関係あるのかしら？」と疑問に思われたかもしれません。

しかし、自分で仕事や商いを生み出す起業家にとって「自分と向き合う」ことはとても重要です。

起業当初はもちろんのこと仕事サイズを大きくしたり、小さくしたり、様々な決定や決断をするたびに自分はどうしたいのか、どうしたくないのか。お客様の声は○○○だが自分はどのように思い、どうしたいのか。家族の意見はもっともなのに、なぜ素直に受け入れることができない自分がいるのだろうか。

自分の価値観や感性を仕事や商いに表現したり伝えたりすることがじぶんサイズ起業の日常であるため、活動の端々に自分と向き合うことが求められるのです。

上手く「自分と向き合えない」からといって、後回しにしたり、避け続けていたりすると先ほど述べたヒロコさんのように「起業したいのでアイデアを下さい。でも、自分のことはよくわかりません」となってしまうのです。

私も法律事務所や保険会社、銀行と硬いイメージの職場では、できるだけ組織のカラーに合わせ「気配を消す」という冗談のような働き方をしていましたが、今では「仕事の話をしているときの方が輝いているね！」と友人たちにからかわれるほどで気配を消す必要はなく（笑）、自然体で働けるようになりました。

自然体で働ける――この心地よさがじぶんサイズ起業の魅力の一つなのです。

多くの女性たちは、職場でも家庭でも、役割を求められているので、そもそも「自分」などはじめからなかったかのように「自分らしく生きる」ことを忘れてしまっているのです。

じぶんサイズ起業は準備の段階から自分の感情と向き合わざるを得ないため、必然的に本当の自分、自分らしさを探る旅にもなるのです。

その過程は、たとえ起業しなかったとしても自己の成長につながります。

「私が何をしたかったのか」「なぜモヤモヤしていたのか、悩んでいたのか」を知ることができたとおっしゃる方々が何人もいらっしゃいました。

「起業」というツールを使いながら自分の才能や能力を知り、どのような考え方や先入観、固定概念があるのかを浮き彫りにし、あなたらしさを探り発見することが、何よりも大切なことなのです。

それは、じぶんサイズ起業のプロセスで得られる、目に見えない報酬の一つなのです。

「お金」以外の豊かさも受け取ろう

第1章の冒頭で収入ゼロから起業し、月に七、八万円の利益で幸せな成功者を目指しましょうとお伝えしましたように、じぶんサイズ起業はプチ起業から始めます。

現在お仕事をされ収入のある方は、まずはその二割を好きなことややりたいこと、あなたがワクワクすることを仕事にして収入を得ましょう。

月に十万円の労働収入があるならば二万円を、月に二十万円ならば四万円で二割です。それはお小遣い程の収入かもしれません。副業がお金を稼ぎ出す手段だけならばお小遣い程の収入は不満かもしれません。

初めから「月額三十万円くらいはほしい」と目標設定される方がいらっしゃいますが、すでに実績がある場合を除いてあまり現実的ではありません。

あなたの生活全体からどのくらいの時間や気持ちを起業に向けることができるのかで違ってきます。もしあなたが、起業当初から「月額三十万円」と目標にされているならば、「じぶんサイズ起業」はヒントになるかもしれませんが、働き方や仕事や商いの規模、在り方が違いますので具体的かつ実戦的ではないでしょう。

じぶんサイズ起業は「福業」です。お金以外の豊かさに気づき受け取ることも大切なことなのです。

「豊かさ」とは何でしょうか。

豊かさとはお金でしょうか、それとも人間関係や健康でしょうか。家事や子育て、介護に仕事と忙しいあなたにとって豊かさとはゆっくり流れる「時間」かもしれませんね。

でも、「時間」を手に入れるにはベビーシッターや民間学童、介護や家事代行サービスなどを考えるとやはりお金が必要になるので「お金」があることが豊かさなのかもしれないと、頭の中がグルグル回ってしまいますね。

資本主義経済の中で暮らしている私たちは、「豊かさ」と「お金」を結びつけてしまう習慣があります。

この習慣は間違いではないのですが、豊かさとは「お金だけ」「お金がすべて」と思い込んでしまうほど一方に偏ってはいけないのです。

これからあなたは、多くのお客様へ商品やサービスを届ける仕事や商い、経済活動を始めていくのですからお金とは良好な関係を築いていきたいものです。

その関係ははじめからうまく行っている方は少なく、私の体験からも多くの起業家の方々は、仕事や商いをしながらお金について学び、信頼関係を取り戻す訓練をしているように感じます。お金については後半の実践編の中でコラムとしてまとめましたので、参考になさってください。


じぶんサイズ起業は、あなたの好きなことややりたいことをベースにプチ起業していくことですので、「私は何が好きなのだろうか」「私は何がやりたく、お客様に何を提供したいのだろうか」と、何度も自分と向き合うこととなります。

プチ起業ですから売上や収入のハードルがあまり高くないため簡単なように思うのですが、「自分とは何か」「自分は何をどのように思うのか」と、自分と向き合う機会があまりなかった方にとっては、メンタルな面でのハードルが高いと感じるかもしれません。

だからこそ、最終的に起業をしないことを選択したとしても、じぶんサイズ起業をなぜ始めたいのか、将来どのようにしたいのかと、準備を進める度に自分と向き合う作業を続けていくと、やがて「今とは違うあなたに」出会うことでしょう。

好きなことややりたいことを基本にしてひとりで始める「自分屋」だからこそ、自分と向き合わざるを得ないのです。

この「今とは違うあなた」とは、誰もが最初に受け取ることができるお金以外の豊かさなのです。

さらにお客様からたくさんの豊かさも受け取ります。受け取るからさらにその気持ちに応えたい、感謝の気持ちをカタチにしたいと、より良い商品やサービス、仕事や商いを提供していくこととなるのです。

じぶんサイズ起業では、お金では計れない、目に見えない豊かさも大切な収入なのです。

第2章　プチ起業の不安や恐れを小さくする方法

「はじめの一歩」で出会う壁をすり抜けるコツ

資格を取り続けても、起業スイッチは入らない

週末の朝の車内では、テキストを広げて熱心に勉強している姿をよくみかけます。業務命令なのか、自発的なのかわかりませんが、きっとこれからスクールや講習、セミナー会場に向かわれるのでしょう。

世の中にはたくさんの資格があります。弁護士や医師、介護福祉士など法律に基づいて、資格がないと業務ができない国家資格から、民間団体や公益法人が実施し、行政機関や大臣が認定する公的資格、

様々な団体や協会、個人が独自の基準で設定し、資格を与える民間資格があります。

民間資格には、残念ながら資格を取得してもなかなか仕事につながらず、「資格難民」の要因となっているものや、資格を与えている団体や協会、個人側の立場で設計された認定資格は、「資格ビジネス」が背景にあることも確かなことです。

四十三歳のノリコさんは、子育てがひと段落したら、「もう一度、働きたい」と思い、出来るならば好きなことを仕事に活かしたいと数年かけて準備をしてきました。

三十代中頃、家事や子育てが忙しく、なんとなく気分や体調が優れない日々が続いていた頃、友人からノリコさんに合わせて調合されたエッセンシャルオイルをプレゼントされ、使ってみたらとても良く、全部使い切る頃には、アロマに夢中になっていたそうです。

その体験をきっかけにアロマテラピーの勉強を始め、一級を取得。もともと好奇心旺盛だったノリコさんは、『人間の心やからだの健康』をテーマに勉強を続け、次から次へと小さな団体や個人の先生のセミナーや講座に参加し続け、資格を取得していったのです。取得した資格は六つになっていました。

私は、いよいよその資格を活用して、じぶんサイズ起業を始めるタイミングかと思ったのですが、「起業は、まだ自信がないので先にしようか……。それよりもちょっと気になる講座があるんです」と、代替療法のスクールのサイトをスマホで見せてくれました。

ちょっと立ち止まってみましょう。他人事ではありません。あなたもノリコさんのように「資格難民」になってはいませんか？　目標達成のように次から次へと資格を追いかけていませんか？

日本人は資格が好きです。資格があると安心する気持ちもわかります。中にはせっかく取得したにもかかわらず、認定した団体がつぶれてしまい、「資格」としては活用できなくなってしまったと笑えない話も何度か聞きました。

確かに、学び続けることや技術を磨くことに終わりはありません。しかし、資格を取り続けてもあなたの「起業のスイッチ」は入りません。

「起業のスイッチ」は、学んだことを収入に変えよう！　変えたい！　と決心しなければいつになっても入らないのです。

あなたの好きなことややりたいことに国家資格が必要ならば、取得しなければなりません。でも違うならば、なぜその資格が必要なのか、認定が必要なのか、あなたの時間やお金を投資するだけの価値があるのか、ないのか、冷静に考えてみましょう。

資格が多いと安心するかもしれませんが、もしかするとあなたが資格に夢中になるのは、起業したいと思いつつも、不安だから先延ばしにしている気持ちが現れ、逃げ道を作っているだけではないのでしょうか。

学びを続けるだけでは、「起業のスイッチ」は入りません。

家族からの応援は「最後」でちょうどいい

「こんなチャンス、めったにないのよ！」

「最近なんか上昇気流に乗っているみたい」

「好きなことを仕事にできるってこんなに楽しいのね」


これからあなたは家族や周囲に分かち合いたいほどの喜びや楽しさ、ワクワク感をきっと経験することでしょう。

しかし同時にこんなことも経験するかもしれません。

ある日、驚くようなチャンスやタイミング、出会いによりあなたはいつも以上にウキウキ気分で帰宅し、今日の喜びを早速パートナーに話します。


「今日初めて会った人なのにもう仕事をいただいたの！　それがね、ちょうど探していた時で偶然に私に出会ったんですって」

「ふーん」

「でね、一昨日ブログに載せたアクセサリーを買いたいって注文が入ったの！　それも二件同時に！

困ったなぁ～寝る時間あるかしら」

「……（無反応）」

「ねぇ、ちょっと私の話、聞いている？」

「えっ？　なに？」

なぜこのように家族は、特にパートナーはあなたの小さな成功や達成感を一緒によろこんでくれないのでしょうか。

そのときの機嫌が悪かっただけでしょうか。

それともあなたの気持ちやその場の空気が読めなかっただけでしょうか。

表面的にはそのように見えるかもしれませんが、最近のあなたの様子を少し振り返ってみましょう。

あなたがじぶんサイズ起業へと行動を始めた当初は、「すぐあきるでしょう」「どうせ趣味だろう」と興味を示さなかった家族も、やがてあなたが積極的に行動し結果を出すようになってくると家族の反応は、次の代表的な三つのタイプにわかれてきます。


タイプ1は、あなたの本気や情熱を受け止めて応援者になってくれるタイプです。

あなたの喜びや悩みを分かち合い、仕事がスムーズに出来るように協力してくれる良き理解者です。このタイプはとても頼りになる有り難い存在なのですが、残念ながら少数派です。


タイプ2は、あなたがじぶんサイズ起業を始めると言い出しても反対しなければ賛成もしなかった無関心タイプです。

家族に大きな影響がなければ相変わらず口を挟まず、あなたの仕事や商いが順調だろうが失敗しようが他人事のように関心を示しません。

失敗した時はとやかく言われないので気楽でいいかもしれませんが、良い結果やうれしい出来事があっても家族と分かち合うことができないことは寂しいかもしれません。

タイプ２が相手の場合、はじめから相談もしないし話もしないという方もいます。

そのためプチ起業を卒業し、しっかりと利益を出すようになると生計を共にする家族、特にパートナーには税金や扶養控除、社会保険などの面から必要に迫られて報告、相談するという方も結構いらっしゃるのです。

タイプ３は、最初は応援していても、あなたが熱心に働き夢中になる姿を見ているうちに段々不安へと変わるタイプです。

特にパートナーは妻の仕事が順調で忙しくなる姿を見ていると理性では応援したいのですが、感情では嫉妬心やライバル意識など複雑な気持ちになりやすいのです。

「仕事」や「稼ぐ」、「働く」というテーマは、多くの現役男性にとって自分自身のよりどころであり自己評価の対象であるため、妻の出世や活躍を心の深いところで夫は面白く思っていないのです。

夫の複雑な気持ちが徐々に表面化してくると家事が後回しになっている、家庭をおろそかにしているように感じるのです。

以前と変わりなくあなたは家庭に気を配り、家事を切り盛りしているにもかかわらず手を抜いているように見えてしまうのです。

するとお子さんが病気になったとき、

「君がしっかり健康管理をしていないからだぞ」

「私はちゃんとやっているわよ！　貴方の子どもでもあることを忘れないでね。子供の健康管理はあなたの役割でもあるのよ！」

と、じぶんサイズ起業をきっかけにいつの間にか夫婦のあいだに溝ができ、起業は順調にもかかわらず家族や夫婦の関係がギクシャクしてしまう場合があるのです。

家族には適度な気配りと思いやりを忘れないようにしましょう。

もちろん、あなたも忙しいのですから完璧主義はやめましょう。

でも、じぶんサイズ起業という好きなことでワクワク働いているのですからあなたはささやかでも幸せを感じているはずです。

その幸せをタイプ1の相手にはストレートに喜びや感動を伝えて分かち合いましょう。

タイプ2や3の相手にはストレートに伝えるよりもカタチを変えて分かち合いましょう。

例えば、いつもより念入りに掃除をしたり、少しだけ手の込んだ食事を作ったりしてあなたも家族も心地よいひとときを共有したり、家族を優先した予定を立て、あなたの幸せを家族がよろこぶカタチに変えてみてはいかがでしょうか。

そして、あなたが笑顔で上機嫌であることが家族にとって一番大切です。


好きなことややりたいことを仕事にしているためつい夢中になり、自分ばかりが楽しく浮き足立ってしまうとバランスを崩してしまうのです。そこがじぶんサイズ起業をしているあなたと家族との関係のむずかしいところなのです。

パートナーやお子さん、家族のサインを見逃さないようにしましょう。

あなたが上昇気流に乗っているならば家族みんなも一緒に上昇気流に乗って幸せな暮らしを味わいましょう。

家族はあなたの応援団です。

家族には無理強いせずに時間をかけてゆっくりと理解者になってもらいましょう。

家族からの応援は「最後」でちょうどいいのです。

家族に反対されない三つのコツ

とはいえ、家族から反対されるとやはりやりにくいものです。じぶんサイズ起業を始めたら家族関係がギクシャクしてしまっては不本意ですよね。

このギクシャクした雰囲気はあなたのあらゆる気持ちを萎えさせてしまうので、避けたいものです。そこで、できるだけ家族からの反対を避けるため、次にあげる三つのコツを実践してみましょう。

①　あなた以外は変わらない
②　宣言をせずにさりげなく行動する
③　お金の問題はクリアにする

①　あなた以外は変わらない
人は変化を嫌います。今日も明日も変わりなく穏やかに暮らせることを多くの人は望むのです。

そこに起業しようと意気揚々と行動し始めるあなたの姿と見ると、家族は、特にパートナーやお子さんは「何を始めるのだろう」「何が始まったのだろう」と不必要な不安をいだいてしまいがちなのです。

じぶんサイズ起業はプチ起業ですから親やきょうだいは同居していない限り、ほとんど気づきません。気づいてもあなたが詳しく語らない限り、「最近、忙しくしているなぁ」「近頃何だか楽しそうだな」と思うくらいです。

しかし、同居している家族、特にパートナーは違います。

あなたは好きなことややりたいことを仕事にしようと行動しているので、家族の気持ちに気づかないほどアクセルを強く踏んでいる状態です。

その状態に家族はだんだん不安な気持ちが募り、恐怖へと変わっていきます。その恐怖は、「とにかく反対」と意味不明な反発までも招いてしまうのです。

このようになってしまったらしっかりとパートナーと話し合いましょう。


四十歳のタカコさんは、やりたいことを仕事にしていくことに挑戦したい、「起業」といってもあくまでも身の丈でプチサイズの起業であることをご主人に話したのです。

すると、「僕は何もしなくていいんだね」「僕は今までどおりでいいんだね。だったらいいよ」と、自分が変わらなくて良いこと確認して、ようやく納得してくれました。


人は変化が苦手です。三十代から四十代の男性も自分自身の仕事のことと、親としての責任やサポートだけで精一杯なのです。できれば家庭生活は、日々変わりなく穏やかに暮らしたいと思うところが本音のようです。

「じぶんサイズ起業」に限らず、妻が何か新しいことを始めようとすると、夫は自分の生活も影響を受けて変わってしまうのではないかと警戒してしまうのです。警戒は反発を招きます。家庭を大事にしながら、大好きなことややりたいことを仕事にするあなたの夢の一歩が踏み出せなくなってしまいます。

そのようにならないためにも家族を巻き込んではいないか、協力を求めすぎてはいないか家庭と仕事とのバランスをときどき立ち止まり考えましょう。

あなた以外の人々の暮らしが極端に変わらないように気配りし安心させてあげましょう。

② 宣言をせずにさりげなく行動する
一番やってはいけない行動は家族に宣言することです。

「大好きなことを仕事にしたいから起業します。これから忙しくなるから家事を手伝ってね。えっと、家事の分担は……」のように、宣言と同時にあなたの都合で家族に協力を求めることはもっとも避けたいことです。


理由は先に述べたように、人は突然の変化を受け入れることが苦手で、あなたの宣言が自分にとって災難のように感じてしまうからです。

ここはあなたの心やからだにとって負担が多くなることですが、家族の協力も少しずつお願いするようにして家事を極端に減らしたり手抜きをしたりしないようにしましょう。

「私も働いているんだから協力するのは当然でしょう！」と言いたくなる気持ちもわかりますが、そこはぐっとこらえて、好きなことを仕事にしている喜びを味わい、家族には感謝の気持ちを忘れないようにしましょう。

家族が身構えないように、さりげなく働き方や暮らし方を変えていくことが理想です。

それができるのがじぶんサイズ起業の良いところでもあります。

また、あまり愚痴らないように気をつけましょう。「だったら、やめれば。好きでやっているんだろう」と言われてしまっては元も子もありません。

実は、気をつけなければならないのはネガティブな愚痴だけではありません。ポジティブな面でも気遣いが必要なのです。

日本の男性はあなたが思っている以上に自己評価や幸せを実感する基準を「仕事」においています。その一方で、女性はその基準を仕事以外にも見つけています。

恋愛や結婚、子育て、心やからだの美しさや若さ、友人やコミュニティ間の人間関係など、女性は様々な暮らしの中で幸せを感じる機会があるのです。

女性誌に「男性の胃袋をつかむ」という特集があるように料理が得意な女性は、いつもあこがれ尊敬されます。同窓会では年齢を感じさせない若々しく美しい女性は、その秘訣を知りたいとみんなからうらやましがられます。

一方男性はどんなに料理や家事がうまくても、若々しくオシャレな男性であっても、はっきりと言わなかったとしても「仕事の成功者が人生の成功者」と思う風潮が根強く、自分への評価や幸せを実感する基準が仕事になってしまうのです。

残念ながら、仕事の土俵で成長していく妻の姿を心穏やかに見守れる夫は少なく、共働きの夫婦間でキャリアの差が生じていくうちに、葛藤が起こります。すると夫は、無意識にもあなたの家事や子育て、夫の実家との人間関係などの粗探しを始めてしまうのです。

仕事以外にも自分の価値を見出し、幸せを実感できることを女性たちは知っています。日本の男性たちも変わりつつありますが、なかなかその価値観から抜け出すことができないのでポジティブな面でも気遣いが必要なのです。

仕事がうまくいっていることや自慢したい気持ちの表現はさじ加減が必要です。シングルの女性でも関係ない話ではありません。

あなたが成功すればするほど仕事で出会う人たちは男性が増えてきます。日本の仕事社会はまだまだ男性優位です。そこで出会う多くの男性たちもそのような価値観があることを心に留めておきましょう。彼らに無駄な嫉妬心を抱かせず、スムーズな良い人間関係を築いてもらうためにも。

③　お金の問題はクリアにする

最後に家族に反対されないために、お金の問題はクリアに、明白にしておきましょう。

じぶんサイズ起業はプチ起業ですから、会社設立のように多額の資金調達は必要ありません。

しかし、お客様ゼロから売上が生まれ、その売上から経費を引いて次の準備にもあてられるようなお金の流れと余裕ができるには時間がかかります。その期間、どのお金を使い、どのくらいの金額をじぶんサイズ起業に融通するのか決めておく事が大事です。

あなたの本業の給与の一部を充てるのか、あなたの自由になる預金を利用するのか、それともお小遣いの範囲内で無理なく始めるのか、最初からしっかりと決めておきましょう。


職場結婚した私の友人の夫は、大手企業を退職し三十代半で独立起業しました。

しかし、その事業は一年を過ぎても軌道に乗らず、徐々に家計を圧迫するようになっていったのです。最終的に彼女の夫は事業を止めて再就職したのですが、預金はなくなり以前勤務していた会社よりも条件が悪く年収が下がった現実を、友人は数年経った今でも受け入れ難いようで、後悔と不満を言い続けています。


家計を圧迫し人生設計を狂わせてしまいかねない起業はギャンブルと同じです。

「売上がたったら返済できる」といつ手に入るかどうかわからない売上を当てにして、家庭のお金をこっそり引き出したり、どこかでお金を借りたりしてはギャンブルになってしまいます。

一人何役もこなさなければならない、仕事以外にもしなければならないことを多く抱える女性の立場では、そのようなリスクの高い、ギャンブル起業はできません。


小さな商い、プチ起業のじぶんサイズ起業ですからそこまでの心配はないかもしれませんが、もし、あなたが自由になるお金以外にどうしても資金が必要になった場合、はっきりと家族に伝えましょう。

じぶんサイズ起業の資金調達のためのプレゼンテーションです。

会社を設立する場合の資金調達は、金融機関からの融資や各機関からの補助金、助成金や出資等がありますが、じぶんサイズ起業家の場合は家族からの融資や出資が資金調達の一つでもあるのです。

その場合、家族があなたの仕事や商いに融資や出資をしてくれるか、それとも却下されてしまうか、まさに「審査」なのです。

好きなことを仕事にしたい思いや、そのことであなたの人生がどのように変わり、家族とも幸せを分かち合えるのかを左脳と右脳を使って伝えてみましょう。

家族はあなたの日頃の行いで評価することが多いので、もしかすると金融機関よりもシビアな意見を聞かされるかもしれませんが、耳をふさがず受け取りましょう。

お金の問題が家族の溝を作る原因とならないように気をつけ、尋ねられたらいつでも堂々と答えられるようにクリアにしておくことが、家族に反対されないコツなのです。

起業について相談する人を間違ってはいけない

森や海岸で拾った流木で雑貨を作ることが大好きな三十七歳のマキさんは、作品をハンドメイドの通販サイトや知り合いのカフェの一角で販売するじぶんサイズ起業を始めることとなりました。

ほんの数ヶ月前まで、正社員としての働き口を探していたのですが、「雇用されない働き方」にも挑戦してみようとじぶんサイズ起業を思い立ったのです。

マキさんが卒業した時期は就職超氷河期で、今までアルバイトや派遣社員として働き続けてきました。その間、何度も正社員への道を探してみたのですが、最終的に雇用されることはなく、次第に「何の取り柄もない」「何をやってもダメ」とご自身を責めるようになっていったと話してくれました。

そんなマキさんの気持ちを豊かにし、安らぎを与えてくれていたのが、雑貨をつくることでした。

その中でも森や海岸で拾った石や小枝、流木で作った小物をプレゼントしているうちに周りに評判となり、「これ、売れるよ！」「もう一つ作ってほしいんだけど、いくらかな？」と言われるようになり、プチ起業の後押しとなりました。

しかし、実際に始めてみると出店している通販サイトを頻繁に見るようになり、他のハンドメイド作家さんたちの作品と比較し、段々自信がなくなりスランプへと悪循環が始まってしまいました。

マキさんだけではなく、じぶんの手で仕事や商いを生み出す起業家ならば誰もが自分の能力や才能に疑問を持つときはあります。

その疑問はさまざまな「不安」になり、誰かに相談したくなりますが、起業について相談する人を間違うとはじめの一歩が止まってしまいます。

あなたが起業について相談する人はどんな人でしょうか？

あなたをよく知っている友人や家族、今の職場の同僚でしょうか？

もっと積極的に起業家の先輩かもしれませんね。

しかし、その答えがときに十人十色で混乱してしまい、どうしたら良いのかわからなくなってしまった経験はありませんか？

起業について相談するときに大切なことは、相談相手の現在の仕事、それを作り出した環境、生い立ち、経歴やライフスタイルなどを、わかる範囲で良いのでバックグラウンドを考慮しながらアドバイスをもらいましょう。


例えば、現在のお仕事が公務員や安定した企業の会社員で、さらにその方のご家族も同じような働き方をされている経歴ならば、あなたの挑戦を応援するよりも安心や安全、安定の領域にあなたを導こうとするでしょう。

また、以前のマキさんのように正社員への道を求めながら働き続けている非正規雇用の人なら、何の保障もないフリーランスや自営業、起業家の道はいかにリスクが高く、本当に大丈夫なのか、と一緒になって心配し、不安探しをしてくれるかもしれません。

一方、すでに起業家として活動されているフリーランスや個人事業主、自営業の人ならば、自分自身の失敗や挫折の体験を語りながらもあなたの背中を押し、一緒に前進しようと勇気を与えてくれるかもしれません。

さらに長年ビジネスオーナーとして活躍されている方ならば、プチ起業が、いかに採算が合わないか指摘し、好きなことややりたい仕事への思いを一笑され、あなたが仕事以外にしなければならないことを多く抱えた女性であることをすっかり忘れ、「プレジデントへの道」を示すかもしれません。

どなたもあなたのことを思って相談に乗ってくれているのですが、その人のバックグラウンドも考えて、参考にさせてもらうことを心に留めておきましょう。

アメリカの投資家で実業家のロバート・キヨサキ氏のモデルから、作家の本田健氏は、次のようにいいます。
『世の中には、「従業員」、「自営業」、「ビジネスオーナー」、「投資家」という四種類の生き方があります。それぞれの生き方で、成功のルールも求められる才能もまったく違い、お金の受け取り方もまったく異なるものになります』（本田健「90日で幸せな小金持ちになるワークブック」ゴマブックス 二〇〇三年）
あなたが相談した人は、四種類のどの生き方の人でしたか。
じぶんサイズ起業を始めたばかりの人は、フリーランスや個人事業主として「自営業」の生き方をしている先輩のアドバイスが、今は一番役に立ちあなたを混乱させないでしょう。さらに、あなたのように仕事以外にしなければならないことを多く抱えた女性でもあったならば、より具体的なアドバイスがもらえ、共感できることもきっと多いことでしょう。

同じ資格でも起業サイズはそれぞれ違う

同じスクールや養成講座に通って同じ資格や技術を身につけたとしても、起業サイズは皆さんそれぞれ違います。

起業といっても副業やプチ起業なのか、個人事業主やフリーランス、会社の経営までイメージしてその資格や技術を身につけようとしているのかそれぞれ違うのです。

さらに起業家の思いだけではなく、個人の環境によっても起業サイズは異なってくることを理解しておきましょう。

最近はスクールや講座の仲間とフェイスブックなどで簡単につながれるので仲間が活躍する姿に一喜一憂し、自分より恵まれた環境に嫉妬したり落ち込んだりしやすいのです。

しかし、自分がおかれている環境を受け入れ、その中から仕事や商いのサイズを見つけていかないとじぶんサイズを超えた、身の丈に合わない起業をしようと焦り空回りしてしまうのです。

都内のマンションにご家族と暮らす四十三歳のマユミさんは、同じアロマスクールを卒業した友人がうらやましくて仕方がありませんでした。

友人は、一軒家の一部屋をサロン用に開放し、好みのインテリアでしつらえ「おうちサロン」を始めたのです。

しかし、お子さんたちがまだ巣立っていないマユミさんには空き部屋はありません。

そして、家事は今まで通りに行うことがじぶんサイズ起業を始めるときのご主人との約束です。

活動時間も場所もマユミさんの理想とは違うため、友人や仲間をうらやましく思う気持ばかり大きくなってしまい、だんだん身動きがとれなくなってしまったのです。

「食事は外食か、食事宅配を利用すればいいんだわ」「家事代行やお掃除代行サービスを頼んで」「自宅がダメならどこかサロンのためのお部屋を借りようかしら」とマユミさんは、理想に近づけるためにじぶんサイズを忘れた身の丈に合わない起業イメージを膨らませてしまった一方、現実との間で悶々としていたのです。

その頃、私はマユミさんと出会いました。

早速、自分ができること、できないことを紙に書き出して客観的に見直し整理することから始めました。

例えば、自宅をサロンとして利用することはできないこと、だからと言って個人サロンを立ち上げるための賃貸契約をするほどの資金もないことが今のマユミさんのじぶんサイズ。

アロマでプチ起業を始める同意を家族からもらえたものの、今まで通りに家庭のことや家事をおろそかにしないという条件付き。自分のやりたいことに家族が、特にパートナーが協力してくれないことにがっかりしてしまったのです。

前にお伝えしたように「家族からの応援は最後でちょうでいい」ことに気づかない場合、好きなことで起業したいとワクワクしているマユミさんと、非協力的な家族の情熱の温度差が無理解に思えてしまうのです。

同じ資格や技術があったとしても、おうちサロンで活動できる人や家族が協力してくれる人、すでにお子さんの手が離れている人、親の介護と無縁な人、準備資金や活動費が豊富な人などそれぞれの暮らしが違い、抱えている事情や背景が違うのです。

違うからこそ自分の今の暮らしや環境を見つめ、受け入れ、理解する。

そこからじぶんサイズで好きなことを仕事や商いにしていくことが大切であり、それができるのが「じぶんサイズ起業」の在り方なのです。

活動時間や場所、豊かさがあなたの理想とするものをすでに手にして活動を始められる人をうらやましく思うことは、自然な感情かもしれません。

しかし、他人の起業サイズをうらやましく思い続けることはやめましょう。

理想的な条件が整った起業家と、デコボコな条件だけどじぶんサイズで始めた起業家では長い目でみると幸せの差はないと思います。

仕事と家庭、プライベートの幸せのバランスを考えながら、じぶんサイズで仕事や商いを進めていかれる人が幸せな成功者なのです。

資金ゼロでも、借金ゼロで小さなリスク

起業のための準備資金は多いに越したことはありませんが、実際はお小遣いほどの蓄えで始める方がほとんどです。

そもそも最初から会社設立や経営者として活動する起業サイズを目指しているのではなく、好きなことやりたいことで、まずは月に七、八万円の利益で幸せな成功者を目指しているのです。

提供する商品やサービスの違いによって事前に必要な資金は違いますが、ここまでに皆さん勉強されたり技術を磨いたりすることに投資されているので、あまり余裕がないのが本音のところです。

じぶんサイズ起業は、小さなリスクで始め、家庭や日々の暮らしとのバランスを考えながら半年、一年、数年と育てていくマラソン経営ですので、自己資金が少ない人でもコツコツと続けていくことができるのです。

しかし、自己資金が少なかったり、たとえゼロであったりしても借金があると前進することがむずかしくなります。

それは、お客様ゼロから始め、売上を上げ、やっと手元にお金が入ったとしても借金返済に充ててお金を流しては、豊かさを受け取る実感がなく、次へのモチベーションにつながりにくくなってしまうからです。

お客様からの注文やご予約が入るたびに「うれしい！」と思いながら受け取れる起業家と、「これで今月の返済ができる」と思い、いつも借金や固定費の支払いのことを気にしている起業家ではどちらが幸せだと思いますか？

もちろん、「じぶんサイズ」を広げるときに投資として借り入れをすることもあるでしょう。それは利益がないから、もうからないから借金でやりくりするのと、さらに事業を拡大したいから、投資したいから借金するのとでは違います。

私は潤沢な資金を貯めてからじぶんサイズ起業しましょう、とは言いません。

でも、借金をゼロにしてからじぶんサイズ起業を始めることをお勧めします。

実際にじぶんサイズ起業を始めてみないと本当にその仕事や商いが好きなことややりたいことなのか、また、誰かに雇用される従業員という働き方よりもひとり起業家として経営者へと歩んでいくことがあなたらしいのかどうか、経験してみないとわからないことがたくさんあるのです。

ひとり起業を経験してみて自分らしい働き方だと実感できてから、先行投資や自己投資という借金をしても遅くはないのです。

だからと言って住宅や教育ローンを完済してからでないとじぶんサイズ起業が始められないわけではありません。もし、長期に渡る返済があるならば、初めからじぶんサイズ起業からの収入をあてにせず生活設計を築きましょう。

一人で何役もこなさなければならない、仕事以外にやらなければならないことが多いじぶんサイズ起業家が、お客様ゼロから安定した収入を得るようになるまでには早くても一年以上かかっているからです。

軌道に乗る前にあなたにお金の問題で好きな仕事や商いをあきらめてほしくはありません。

資金ゼロでも借金ゼロで小さなリスクからじぶんサイズ起業を始めましょう。

主婦やパート、派遣社員は「プチ起業」を味方に

「副業解禁」という言葉を目にするようになってきましたが、まだまだ副業に対して積極的な会社や団体は少数です。仕事の時間外で副業をしている社員に対して、心や体を休ませる時間が減って本業に影響がないのかと懸念する会社や団体側の意見も理解できます。

だからと言って「副業のために時短したい」という要望を認める会社や団体は、まだ日本にはほとんどありません。

そのため、一般的に彼ら彼女らの副業というと株式やFX取引など金融取引やアフリエイトやネットオークション、まとまった資金がある方は不動産投資などを考えます。

それらの副業が、好きなことやりたいことにご自身の未来につながることなのか疑問ですが、収入

面からは副業と言えるでしょう。

そのような制約や制限が前提にあり、収入面だけの損得から起業を考えても具体的な一歩を踏み出すことはむずかしいのです。今の仕事を辞めなければできない起業ならば二の足を踏んでしまうことは自然なことです。


詳しくは第3章の「成功に導く四つのワーク」でお話ししますが、私はプチ起業から始めるじぶんサイズ起業家の皆さんにも今の仕事を辞めて起業する在り方をお勧めしていません。飛躍的に前進することはできないけれど、日々の暮らしを基礎にじぶんサイズで好きなことややりたい仕事で商いをコツコツ築いてほしいのです。


一方、本当は正規雇用で安定した職業に就きたいのにパートや派遣社員などの非正規雇用としてしか働けない方々がいることが社会問題になっています。

正規雇用と変わらない仕事内容や量を行っているにもかかわらず、月々の報酬は低く、ほとんどの方がボーナスもありません。手当や福利厚生も同じ待遇ではなく、その不平等感を数えるときりがありません。

この問題は私も契約や派遣社員、パートタイムとして働いていた経験からも実感していますが、正規雇用の女性たちも働き方の選択肢が少ない環境を幸せには思えません。

四十代で正社員へ再就職できたことを喜んでいた友人も親の病気や介護の負担が重くなるにつれて彼女自身の体調管理もままならず、残念ながら退職することとなってしまったのです。

社会で支え合うよりも各家庭で、家族でなんとかする。

その家族単位で問題を抱え込む日本の風潮が、女性たちや一部の男性たちを働きづらく、生きづらくしていると思います。

本来はワークライフバランスに合わせて（この語順だと仕事優先に思えるのでライフワークバランスが好きですが）、さまざまな働き方ができる社会が暮らしやすいのですが、そのような理想が現実になるには残念ながらまだまだ時間がかかります。

しかし、ある程度働く場所や時間を選択できる、「副業」を禁止されていないパートや派遣社員など非正規雇用の方々にとってじぶんサイズ起業は、いつからでも始められる働き方の一つです。今仕事をされていない主婦の方は今日から準備ができます。

実際に、派遣社員をしながら週末起業されている方々は大勢いらっしゃいますし、時短や短期の派遣のお仕事と組み合わせたり、週に二、三日はパートで働いたりしながらプチ起業されている方もいます。

これからは本業があって補助的な働き方としての副業という発想ではなく、複数の仕事をするという「複業」の時代が来ると言われています。

四十五歳のタマキさんは、古代インドから伝えられているアーユルヴェーダの素晴らしさを届けたいとじぶんサイズ起業を始めました。おうちサロンでの施術やイベント出展、出張お話し会などさまざまな機会を生み出し活動しています。

と同時に以前から働いていたケーキ屋さんのパートのお仕事も続けています。お店が優秀なスタッフさんであるタマキさんを手放さない理由もありますが、ケーキに囲まれた接客のお仕事も好きなことで働ける一つなので続けているのです。

じぶんサイズ起業は働き方を制限しません。

タマキさんのように「複業」として続けてもいいのです。

プチ起業をあなたの味方にしていきましょう。

あなたの人生や暮らしを賭けてはダメ

日本の会社は起業したとしても一年以内に60％、五年以内に80％。十年以内に95％が倒産や廃業をすると言われている昨今、家庭やプライベートと両立しながら好きなことを仕事や商いにして育てようなどとは夢物語に思えるかもしれません。

だからと言ってあなたの人生や暮らしを賭けてしまう起業をしてはいけません。

多くの女性にとって仕事は人生の一部にすぎないのです。パートナーシップや子育て、介護やライフワーク、友人や地域とのつながりと、女性の人生の役割は多岐に渡ります。たとえ、生涯現役で働くことを選んだとしても、仕事以外に喜びや幸せを受け取ることができないとしたらどんな人生なのでしょうか。

生涯仕事中心に生きて富や名声、名誉を手に入れた人が死を目前にすると後悔することがある、という話を聞いたことがあります。もっと家族や友人たちとの時間を大切にすれば良かったと、仕事を優先してきた自分の人生を振り返り後悔するそうです。

昭和の高度経済成長を支え、モーレツ社員と言われた男性や会社と一心同体のように事業を起こした創業者や経営者に多いエピソードです。

その反面、とりわけすぐれた業績を残すことはなかったけれど、友人や仲間、家族との関係や地域社会とのつながりを大事にしてきた人は、「幸せな人生だった」と一生を終えるそうです。

私がライフナビゲーターとして活動を始めた頃は、男性からもご相談も受けていたのですが、彼らのご相談内容のほとんどが「仕事とお金」でした。

残念ながらそこから人生や暮らしを見直すことよりも、目先の仕事とお金をどうにかしたいと短期的な解決方法を求め、長期的な視点を持つことが少なかった印象があります。

一方、女性は、たとえバリバリ仕事をされている専門職や管理職の方、すでに会社を経営されている方であったとしても仕事以外にも価値を見出していました。

そのような幸せのバランス感覚を持った起業家や経営者の方々が性別問わず世の中に溢れてきたら、もっと働きやすく暮らしやすいライフワークバランスのとれた社会になってくるのではないでしょうか。

そして、そのはじめの一歩を踏み出そうとしているのが、じぶんサイズ起業家のあなたかもしれないのです。

第3章　育てよう！　プチ起業家マインド

成功に導く四つのワーク

「えっ？　もうお仕事していないの」起業一年後の現実

あなたが活動していくと起業家の先輩や準備中の方、同じような志を持って活動している方々との交流が始まります。

同じ資格取得のために通ったスクール仲間はもちろんのこと、そのつながりで出会う人々、イベントに出展や交流会、お茶会などに参加する度に業種を超えて、じぶんの手で仕事を生み出し、活動をされている人々と出会う機会が増えていくでしょう。

また、実際に会ったことはなくとも、ＳＮＳやブログを通して、応援したり、参考にさせてもらったりしている方も既にいらっしゃるのではないでしょうか？

私も活動を始めた頃は、プライベートなつながりに経営者はもちろんのこと、プチ起業家の方もほとんどいなかったため、あまり得意ではありませんでしたが、起業家交流会やセミナーの後の懇親会など意識的に参加していました。

当時、とあるセミナー会場で三十八歳のヤヨイさんと意気投合した私は、一緒にお茶会を開催することとなりました。

女性同士で日々の暮らしや生き方の中で感じることを分かち合い、参加者さんの疑問や質問にヤヨイさんと私が答えるスタイルの交流会を、貸し切りの個室カフェでアットホームに開催しました。

おかげさまではじめてのお茶会は好評に終わり、個人で活動をしているヤヨイさんや私に喜びと次への自信を与え、「お互いにこれからも頑張っていこうね！」と池袋の駅で励まし合ったことを覚えています。

しかし、それから一年後、ヤヨイさんの活動は、徐々に消極的になり、専門家に依頼して作成したホームページも閲覧することができなくなってしまいました。

私は作家さんが創ったハンドメイド作品が好きです。

以前使っていたバックもクリック先で偶然出会った作家さんから購入したもので、愛用していました。シンプルなデザインで縫製もしっかりしていたので、二代目も購入をしようとサイトをたずねてみると、「しばらくおやすみさせていただきます」と掲載されたままの状態で、仕事の依頼は受け付けていませんでした。

あなたも心当たりはありませんか?

あなたが資格や技術を身につけたスクールの卒業生の先輩が、「起業します!」と熱く将来を語っていたのに、三ヶ月、半年、一年が過ぎた頃には活動をやめていたり、「大好きなことを仕事にします!」という言葉にうらやましく思った人もしばらくすると、「やっぱり無理だったわ」と今までの生活に戻ってしまったりした人があなたの周りにいるのではないでしょうか?

仕事を辞めてしまった理由は、家庭の事情やご自身の問題、お金や環境の問題などそれぞれだと思います。

でもそこには、「好きなことを仕事にしたい」と志した時に忘れてしまった、もしくは初めから知らない大切なことがあるのです。それは、

一、お客様にご満足いただける技術をマスターし、磨き続けること

二、仕事や商い、ビジネスの知識やルールを学び続け、実践すること

という二つの車輪です。

今までお会いした多くの「好きなことを仕事にしたい」と夢を語る方々は、二つめの車輪の「仕事や商い、ビジネスの知識やルールを学び続け、実践すること」が苦手です。「やっぱりやらないとダメですよね」と肩を落とされる方や、中には二つめの車輪について無頓着の方もいらっしゃるのです。

一つめの「お客様にご満足いただける技術をマスターし、磨き続けること」は、好きなことで起業したいと願うあなたならば、放っておいても情報を収集してスキルアップを続けることでしょう。

もしこれに集中したいならば、経営手腕がある方にパートナーになってもらうか、誰かに雇用され、従業員として働く方法もあります。

しかし、自分の手で仕事を生み出したい、自分らしい仕事や商いをしたいと願い、起業を考えるのならば二つめが重要になってくるのです。

私は、三代続く町工場の自営業の長女として生まれ商店街で育ち、親戚の多くが自営業だったため自然とその必要性を感じていましたが、はじめから仕事や商い、ビジネスの知識やルールを理解していたわけではありません。それどころか紆余曲折の連続でした。

学んだ起業ノウハウや目に入った情報、知識は、二十四時間を仕事だけに集中できる男性か、男性並みに働ける気力や体力、環境が整った女性向けのものだったのです。

それに気づくことができなかったため、思うように進まなかったり、うまく活かすことができない時期が続いてしまいました。

今考えてみるとそのような仕事の在り方は、自分の現状とはかけ離れ、仕事と家庭とのバランスを崩し、「家庭をかえりみない」時代に逆行するノウハウだったのです。

じぶんサイズ起業はプチ起業です。従業員を抱える会社や世界を相手にしているグローバル企業のビジネスの知識やルールをはじめから身につける必要は全くありません。

あなたの仕事や商い、暮らしの変化に合わせてその都度身につけていけばいいのです。

まずは、一つめの車輪だけではなく、二つめの車輪「仕事や商い、ビジネスの知識やルールを学び続け、実践する」ことであなたの仕事や商いを育てていくことが大事だと気づきましょう。

両輪があるからこそ前進できるのです。

「資格を取れば起業もできる」は大ウソ

近年資格ブームが続いていますが、あなたは何か資格をお持ちですか？

今、資格取得のため技術を学んだり勉強したりしていることはありますか？

資格取得が業務命令の場合もありますが、将来に不安を感じると私たちは「資格を取っておいた方がいいな」「資格があればなんとかなるかもしれない」と思い立ち、勉強を始めるのです。

しかし、多くの方々が目指しているほとんどの資格とは、第2章でお伝えしたような民間資格を取得しただけではなかなか仕事につながらず、つながらないから「まだダメだ」「まだ足りない」と資格を取り続けてしまうのです。

新しい情報や技術を学び続けることも、一度身につけたことをブラッシュアップすることも大切なことです。時代は流れます。お客さま自身も成長や変化し続けるのですから、じぶんサイズ起業家も成長し続けることは大事なことです。

しかし、じぶんサイズ起業家は、新しい情報や技術を学び続けることやブラッシュアップすることだけでは足りないのです。お気づきと思いますが、これでは「お客様にご満足いただける技術をマスターし、磨き続ける」一つめの車輪をグルグルと回しているだけで、前進することがむずかしいのです。

二つめの車輪「仕事や商い、ビジネスの知識やルールを学び続け、実践する」を動かすために時間をかけ、自己投資されるプチ起業家の方はほとんどいません。

もし、あなたがプチ起業で終わらず将来、個人事業主や会社設立の夢があるならば、新しい資格を取るための時間や投資を仕事や商い、ビジネスの知識やルールを学ぶために使いましょう。

「資格を取れば起業もできる！」という言葉に振り回されないでください。

資格や技術は職人気質

そもそも好きなことややりたいことを仕事にしたいと志す私たちは、もっと知りたい、学びたいという特質があります。広く浅く学びたいのか、狭いけれど深く学びたいのか、個人差はあるけれどとことん追求したい欲求や好奇心は一般の方に比べるととても強いのです。

このマニアックな特質があなたをその道のプロフェッショナルへと育てていくので、じぶんサイズ起業家にとっては不可欠で大切な才能なのです。

しかし、偏りすぎると自己満足だけの資格マニアになってしまい、本来の目的である仕事や商いに活かすことができなくなってしまいます。

あなたが新しい技術や学びを続けているのは、資格取得の勉強を続けているのは何のためでしょうか。自分磨きや自己満足のためでしょうか。それとも仕事や商いに活かすためなのでしょうか。

じぶんサイズ起業家はひとり起業です。

あなたが新しい技術や学びを続けているのは、自分磨きや自己満足のためではなくお客様により良い商品やサービス、新しい情報を提供するためだと知っています。

しかし、同じくらい仕事や商いについて学び活かすこともしなければなりません。

この相反する二つの性質をどちらもバランス良く学び続け活かせる人だけが、好きなことを仕事にして続けられるのです。

ひとりの人格の中で相反する二つの性質を学んでいく過程には、さまざまな感情がぶつかり合うかもしれません。お客様や仕事仲間との人間関係や家族との関係、お金や時間の問題など色々なことが起こるたびに、あなたが判断し決断や選択をしなければなりません。

私は、じぶんサイズ起業は単にお金を稼ぐ手段ではなく、人として成長できる場、チャンスだと思っています。

職人気質と商人気質のバランスをとりながら前進していきましょう。

成功に導く四つのワーク

私たちはなぜ働くのでしょうか。

日々の生活のためでしょうか。旅行に行ったり美味しいものを食べたりと楽しくゆとりのある生活のためでしょうか。それとも住宅ローンの返済やお子さんの教育費を補填するために働かなければならないのでしょうか。

あなたがじぶんサイズ起業を始めようと思い立ったとき、「なぜ働くのか」「なぜ今までの働き方ではいけないのか」「仕事とは、働くとはどういうことなのか」など今まであまり深く考えなかったことを心の中で何度も自問自答を繰り返すでしょう。

じぶんサイズ起業はひとり起業であり、好きなことややりたいことを仕事にする働き方です。そのため、自分はどのように思っているのか、どうしたいのか、どのようになりたいのかと、自分に問いかけ判断や決断をしなければなりません。

その結果、数ヶ月、数年後のあなたは今とは見違えるほどの成長を感じることができるでしょう。人としての成長、心の成長が、売上や利益と同様もしくはそれ以上の大切なじぶんサイズ起業の報酬なのです。

また、「この商品やサービスはきっとお客様の役に立つ。それをお届けすることが私の使命かも」と、もはや日々の生活費を稼ぐための仕事や労働という域を超えて、使命感を感じるほどの熱い思いがあなたの中で湧き出しているかもしれません。

しかしそれは一朝一夕ではできません。

好きなことを仕事にしたいという熱き思いは、日々の暮らしや生活を置き去りにして、天職や使命、社会貢献を果たそうと無茶をしてしまいます。

その無茶がたたり身体を壊したり、家庭とのバランスを崩したり、理想と現実との間でモチベーションも続かず行き詰まってしまうのです。

私たちは、一人何役もこなさなければならないじぶんサイズ起業家です。

スピード感はないけれど、街をジョギングするように、次に述べる「四つのワーク」の歯車をしっかり回して自分らしい働き方や生き方をしていきたいと思います。

それでは「四つのワーク」についてお話ししていきましょう。

＊　**ライス（Ｒｉｃｅ）ワーク**
＊　**ライク（Ｌｉｋｅ）ワーク**
＊　**ライフ（Ｌｉｆｅ）ワーク**
＊　**ライト（Ｌｉｇｈｔ）ワーク**

あなたもどこかで聞いたことがあるかもしれませんね。

「**ライスワーク**」とは、ご飯のための仕事。すなわち、生活のため、食べていくために仕事をして収入を得る働き方です。好きなことややりたいことを仕事にしたいけれど、住宅ローンの支払いや子供の教育費、将来への不安からライスワークを選択し続ける方々は残念ながらとても多く、さらにその働き方に疑問を持たずに定年を迎えるその日までただただライスワークを続ける方々もいます。

「**ライクワーク**」とは、好きなことややりたい仕事に近づいてはいるのですが、ワクワクしたり、天職であると実感したりするにはやや物足りません。嫌ではないけれど仕事にワクワクすることはなく、できることを仕事にして収入を得る働き方です。

「働くって、みんなこんなものでしょう」と毎朝満員電車に押しつぶされながらも通勤し、給料が少ないと文句をいいつつも「仕事があるだけありがたい」と周囲の失業やリストラ話にドキドキしたりしています。

このライクワークで満足するのか、次のライフワークを求めるのかは、あなたの人生において仕事や働くことがどのような意味や価値があり、重要視しているのかによって違ってきます。

「ライフワーク」とは天職です。あなたの好きなことを仕事や商いにして、それを受け取るお客様も喜んでいただける仕事です。「サザエさん症候群」とは縁のない仕事と学びと遊びの境界線が消えていく働き方です。

大好きなことで収入を得る働き方は誰ものあこがれで夢ですが、実際にライフワークを実現されている方はまだ一握りの人です。

「ライトワーク」とは天命です。自分が光（ライト）になって社会に影響を与えるような仕事です。収入を得ることはあまり考えず、それよりも自分の理想とする社会のために貢献しようと働きます。

ビジネスに成功した人々が第一線をリタイアして私財を投じて社会貢献や慈善活動したりする姿はラ

イトワークではないでしょうか。

一方、自分の理想とする社会のために貢献しようとさまざまな団体や組織が立ち上がりますが、資金調達や運営などのノウハウが欧米諸国と違って思うように運ばず、そこで働いている人たちに負担がかかっているのが現状です。社会が良くなるために働きながらも経済的に豊かになる仕組みが根付いたとき、日本は本当に豊かな国になるのでしょう。

イライラや不満足の原因は、ライスワーク１００％だった

私は今までじぶんサイズ起業家の方々以外にも述べ千名以上の女性の悩みや相談ごとにライフ・ナビゲーターとして接してきました。

その中でもご自身の才能や適職に関すること、やりたいことはどうしたら見つけられるのか、それを仕事に結びつけるためにはどのようにしたら良いのかなど仕事に関して悩まれている方々のご相談が多く寄せられました。

また、会社の人間関係や現在の仕事内容、職場環境について不満を持った方々も多く、毎日出勤するにはつらいだろうと思ってしまいます。しかし、よくよくお話をうかがってみると表面的にはさまざまな問題の違いがありますが、彼女たちに共通するイライラや不満の原因は、ライスワークの割合にあっ

たのです。

「なぜその職場で働いているのですか？　なぜその仕事を続けているのですか？」と質問させていただくと「働かないと生活できないから」と答えます。

生活のため、食べていくためだけにその仕事を続けているライスワークの割合が100％である働き方の閉塞感から、職場での様々な出来事が気になったり、勘に触ったりしてしまうのです。

二十代の私は、通勤時間が一時間以内でとりあえず安全な職場だという理由と、秘書検定の資格とわずかなタイピング能力を活かして法律事務所の秘書として再就職していました。卒業後の初めての就職先で夢破れ、その後の転職活動での挫折感を引きずったままでしたので、法律事務所の秘書として仕事とはライスワーク100％の状態でした。

今振り返ると申し訳ないほど上司や職場に対して不満を持ち、ちょっとしたことが勘に触りイライラしながら働いていたダメな秘書だったと思います。ごめんなさい、○○先生！

でも、二十代の頃でしたらそのままならない気持ちや閉塞感のはけ口を友達とのおしゃべりや趣味、旅行などプライベートの充実に求めることもできるでしょう。キャリア変更やそのため勉強や留学、転職先を探すことも身近な決断の一つです。

また、私の妹のように「もう働きたくないから結婚しちゃおう」とその言葉通りに結婚退社し、家庭に入る幸せのかたちもあるでしょう。

しかし、三十代後半から四十代へと年を重ねていくと二十代の頃と同じような勢いでキャリア変更や転職先を考えることはできません。

「もう働きたくないから結婚しちゃおう」と思っても結婚どころか、パートナー候補と出会うこともむずかしくなっています。

本当は年齢に関係なく肩の力を抜いて自分らしい仕事や働き方、暮らしを見つけることができるのです。しかし、そのためには自分自身の持っているいくつもの思い込みや固定観念と向き合い、手放していかなければなりません。それができなければ、イライラを募らせ不満を言いながら閉塞感の中で仕事を続けていくしかありません。

専業主婦の方も同じです。家事や子育てをせず、家庭での役割を果たしていなかったら結婚生活が破綻してしまうので仕方なくやっているのであれば、主婦の仕事も一部はライスワークとなります。

あなたはなぜ、その仕事を続けているのですか？

あなたはなぜ、働いているのですか？

あなたの生活におけるライスワークの割合はどのくらいなのでしょうか。

「ライスワーク１００％の生活をやめよう！」と決意したとき、じぶんサイズ起業という仕事の在り方が視野に入ってくるのです。

「好き」でいただいた千円札にワクワクと感謝

好きなことややりたいことをじぶんの手で商品やサービスというカタチにしていくまでは、さまざまな産みの苦しみを味わったりすることもありますが、お客様が喜んで下さり、その対価としてお金をいただいたときの感動はなにものにも代えがたいものです。

たとえその対価が千円であったとしても「好き」なことを仕事にしていただいた千円札一枚に、ワクワクと感謝が起こるのです。

千円とは最低賃金が九百円を超えた東京では、ほぼ時給と同じです。じぶんサイズ起業家がこの千円を受け取るために一時間以上の仕事をしていることは、活動を始めたばかりの頃は当たり前のことです。

そのワクワクは、お金そのものの金額ではなくお金以外の何かを受け取っているからです。

じぶんサイズ起業を始めた頃、皆さん「ありがとうございます！」と感動したり、「こんなにいただいていいのかな」と恐縮したりとお金に対する感情は大忙しなのです。

単価が一万円であってもイヤイヤ仕事で受け取ったお金とワクワク志事で受け取ったお金ではあなたの中の価値は違っています。

あなたの仕事や商いが軌道に乗ってきて、プチ起業から卒業するタイミングが訪れたときであっても、好きなことを仕事にして初めて受け取った報酬へのワクワクと感謝を忘れないでいたいものです。

「できること」が好きな仕事を大きくする

どんなにご自身の専門分野に自信があったとしても、商いや起業となると不安になるものです。

そのためにもじぶんサイズ起業は「四つのワーク」があり、それぞれの歯車を回すことで着実に仕事や商いの夢を叶えていけるのです。

起業当初は四つのワークの歯車すべてを回す必要はありません。ライスワークとライクワークの二つの歯車を回して収入を得る働き方か、あるいはライフワークを加えて三つの歯車を回して収入を得る働き方をお勧めします。（図1）

あまりにも急いで夢を叶えようと、じぶんサイズを忘れてこの歯車を無理に回し、その結果、家庭内の不和や体調不良になり、起業そのものをあきらめてしまう方もいます。

それでは元も子もありませんよね。猪突猛進タイプや情熱的すぎるタイプの方は特に気をつけましょう。

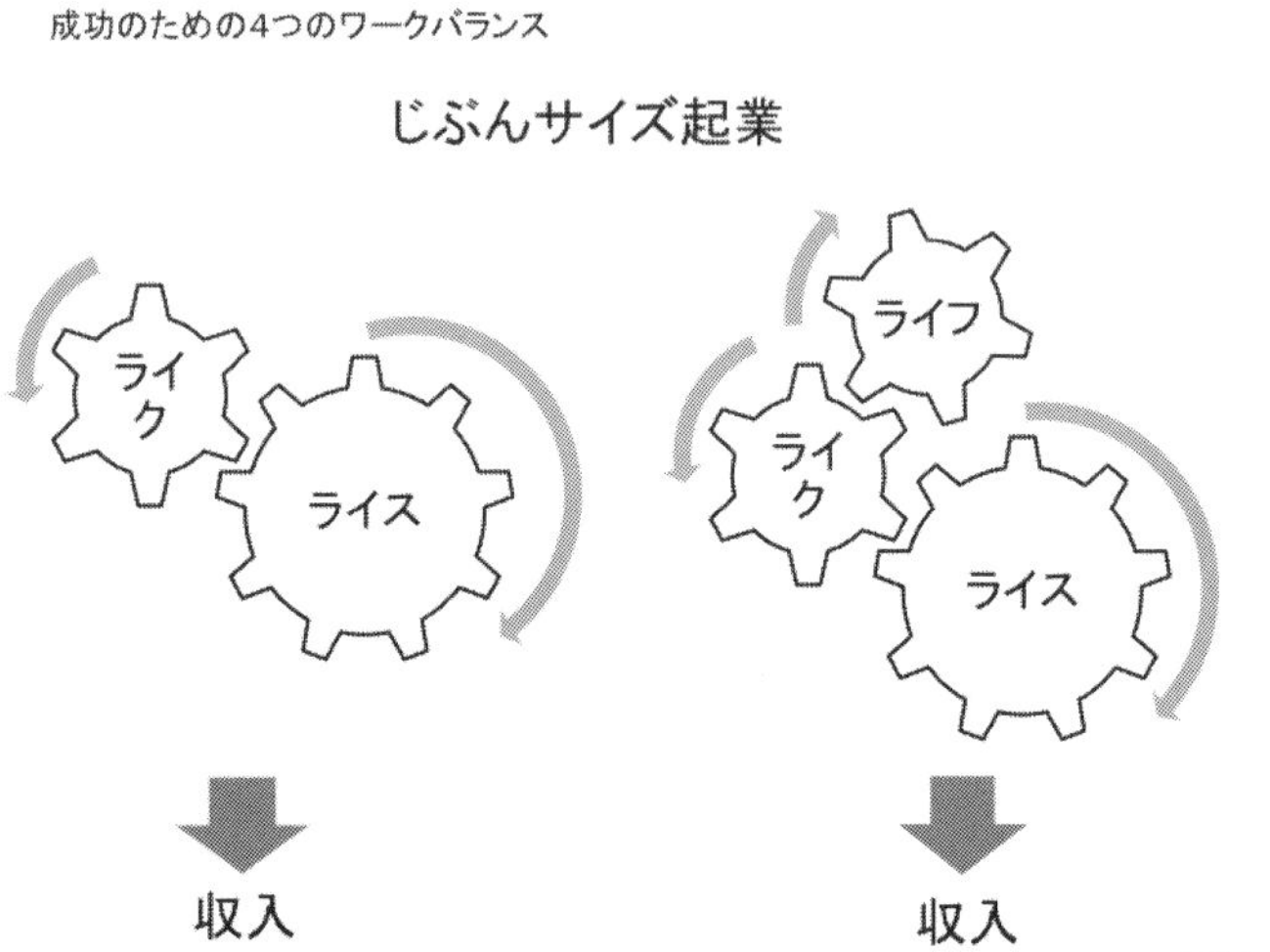

図1

勢いで生活の基礎を支えているライスワークの仕事を辞めてしまっては性急です。

好きなことややりたいことを仕事にしたいと夢いっぱいにふくらませているタイミングでこの話をすることはつらいことでもあるのですが、「今の仕事を辞めて来月の生活はどうされるのですか」「三ヶ月後、売上ゼロであっても生活は大丈夫ですか」といつも心をオニにして質問させていただいています。

将来的には毎月の固定収入が見込めるような仕組みづくりをしていくのですが、お客様ゼロから始めるじぶんサイズ起業は、当初は売上が少なかったり、ゼロだったりしても生活基盤に大きな影響がないように注意しなければなりません。

その現実を前にしても「今の仕事を辞めたいのです」「辞めてしまいました」とおっしゃる方には、厳しいことを言わせてもらいますが、そもそもじぶんサイズ起業を始めたいのではなく今の職場を辞めることが前提で最優先だったのではないでしょうか。

ですから、離職により生活があまりにも不安定になってしまう方は、まずはライスワークであったとしても収入を得て、生活を安定させることを優先しましょう。

専業主婦のライスワークは、家事や子育て、看病や介護など家庭のこと全般です。

徐々に家庭全般のライスワークからライクワークへ割合を増やしてじぶんサイズの活動をしていくことをお勧めします。

じぶんサイズ起業家はできることで収入を得ながら、好きなことややりたいことで仕事を大きくしていきます。

まずは自分の仕事や暮らし全体の現状を見つめ、できることから始めましょう。

「これしかできていない」と自分を責めるのではなく、「これだけできた！」とほめてあげましょう。

「社会を変えたい！」使命は最後に動きだす歯車

「私、世の中を変えたいんです」「きっと良い社会になると思うんです」と熱く語る方々に出会います。

お話をうかがうと、苦しくてどうして良いかわからなくなってしまったときに、具体的な商品やサービス、または、アイデアやヒントに出会い、ご自身が劇的に好転した体験を多くの方に伝えたいと起業を思い立たれたのです。

そして、その思いは社会全体まで広がり強い使命にもなっていきます。

この傾向は、カウンセラーやコーチ、セラピストやヒーラーのように物販よりもサービスを提供される方に現れます。

ご自身の仕事や商いを世の中を変える社会変革までつなげてイメージされることはなかなかできないことです。その使命感はあなたを動かす炎となっているのですが、次にあげる二つのことを心に留めておいて下さい。

一つめは、燃え尽き症候群にならないように気をつけましょう。世の中を変えるという大きな目標があるにもかかわらず、何も変わっていないと自分の力のなさや亀の歩みに苛立ってしまうのです。良い社会にしたいというあまりにも高い使命だけでは、多くの人は途中で苦しくなって燃え尽きてしまうのです。

今はその使命感をあなたの奥で燃えているロウソクの炎のように灯しておいて下さい。高い使命感だけではなく、もっと身近でエゴだと感じてしまうような個人的な願いや欲望も表に出してあげましょう。好きなことややりたいことで稼ぎたい、稼いだお金で家事代行サービスを頼みたい、旅行に行きたい、自由な時間がもっとほしいなど等身大のあなたの願いや夢は何でしょうか。ぜひ、紙に書き出して表に出してあげましょう。

等身大の願いや夢を一つひとつ叶えていくことも燃え尽き症候群を避けるためのコツなのです。

二つめは、成功のための四つのワークの最後がライトワークである、ということです。ライトワークは、あなたが光（ライト）になって社会に影響を与えるような仕事です。収入を得ることはあまり考えず、それよりも自分の理想とする社会のために貢献しようとする働き方です。

あなたは今、収入を得ることを考えずに活動できる環境でしょうか。厳しいことを言わせていただくと現実は、生活の基盤を安定させるためにライスワークも続けているのではありませんか？

大丈夫、それでいいのです。ライトワークは最後に動き出す歯車です。

社会貢献や慈善活動は、ビジネスに成功した人々が第一線をリタイアして収入を得ることを考えずに行う幸せの活動なのです。

そこのところを忘れて情熱や思いだけで仕事や商いを行おうとするので空回りしてしまうのです。

私は、「子どもが売られない世界を作る国際ＮＧＯ、認定ＮＰＯ法人かものはしプロジェクト」のサポーター会員です。会員の立場からかものはしプロジェクトのリアルな活動報告に触れているといつも頭が下がる思いです。彼女ら、彼らがしっかり結果を出し続けているのは情熱や思いだけではなく、経営やファンドレイジングにも注視しているからだと思っています。

私自身の四つめの歯車はまだ、小さな動きでしかありません。

しかし、起業当初から一本のロウソクの炎のように燃え続けています。あなたも心の奥で使命というロウソクの炎を燃やしつづけて下さい。

複数のワークで「ジョギング経営」

あなたの親世代や祖父母の時代に好きなことややりたいことを仕事にできた人はほとんどいませんで

した。思いついたとしても「リタイアしたらできるかな」「定年したらしたいなぁ」と人生の晩年へと先送りすることが普通だったのです。

ほとんどの人たちは、自分の生計ために家族を養うためにライスワークで稼ぎ続け、定年を迎えました。それが運命と思い込み、役割だと信じてライスワークで仕事の一生を終えたのです。男は仕事で稼ぎ、女は家庭を守るというような役割分担が常識であり、働く男性はモーレツ社員や企業戦士という言葉のように家庭を顧みないほど働き、出世することが成功と思われていた時代です。

「自分にとって仕事とは？」「働くとはどういうことなのだろうか？」「このままでいいのだろうか」と立ち止まったり、疑問を抱いたりしなかったので、ある意味では幸せだったのかもしれません。

気づいた人々でもライス、ライク、ライフワークと順番に直線的に進めていたのでライスワークに区切りがつかない場合は一生を費やしてしまっていたのです。

しかしここでは順番にステップを踏んで進めていく仕事の在り方ではなく、歯車を回していくように複数のワークを同時進行に進めて成功に近づいていく仕事の在り方、働き方を提案させていただいています。

最初はライクやライフワークの割合は小さいかもしれませんが、未来に先送りせずにワクワクや楽しさ、喜びを今から受け取る同時進行の進め方です。

これが可能になったのは、私たちのような小さな仕事や商いを支えるインターネットの普及と数々の便利なアプリが開発されている恩恵なのです。

ＩＴ技術の発展により、あなたのバーチャル店舗は二十四時間営業中で商品の販売やサービスの受付を行ってくれます。

販売から決済、配送まで一度も会ったことのない全国の、場合によっては世界中のお客様へあなたの「好き」を届けることができるようになったのです。広告や宣伝といえば資本のある大手企業のものでしたが、今ではあなたメディアでブログやメルマガ、動画など情報発信することも可能です。

黒電話やタイプライターの時代を知っている私からすると追いつくのが大変ですが、驚嘆するほどの進歩はますますひとり起業を後押ししてくれていると実感しています。

その反面、すぐには変われないのが人の心、起業家マインドです。

ＩＴ技術のスピードのように変わっていくことはできませんが、周りの景色を楽しめ、季節の移ろいや自然を感じることができる、ジョギングするような歩みで複数のワークの歯車を回して行きましょう。

じぶんサイズ起業家は「ジョギング経営」がいいのです。

ライスワークをゼロにするタイミングとは

食べていくために働くライスワークをゼロにするタイミングは人それぞれに違います。

主婦の家事や子育て、家庭全般のライスワークは、徐々に小さくなってもゼロになることはないでしょう。

一方、今にも辞めたいほどの嫌な職場や仕事内容で生活のためだけに働いている場合、明日にでもライスワークをゼロにする勢いかもしれませんね。

その気持ちはわからないでもありませんが、逆にその気持ちが強いとじぶんサイズ起業を育てようとするよりも、焦りやイライラで空回りしてしまいます。

その場合は、ライスワークをゼロにすることに集中するのではなく、ライクやライフワークを育て活動することに集中してみてください。ワクワクするうちにあれほど嫌な職場や仕事だったライスワークが少しずつ気にならなくなってくるのです。

「この仕事があるから好きなことややりたいことができるんだ」と感じたり、「思ったより嫌な仕事ではなかった」と思ったり、気持ちに変化が表われてきます。

しかし、この頃が一番大変なときでもあります。あれもこれもやりたい、あれもしなければこれもしなければと焦ってしまいます。

頑張りすぎると体調を崩して病気になってしまう場合もあるのです。特に四十代の女性は体調の変化が起こる時期でもあるので注意が必要です。

「ここで体調を崩すなんて」と、自分を責めたくなりますが、私自身も体調不良によって、働き方や生き方の軌道修正をしなければならない経験があったので、あなたにはそこまで無理をして欲しくはありません。病気がきっかけで人生が変わったという方は大勢いらっしゃいます。体調不良が起きた場合、まずは立ち止まって仕事や家庭、人生全体を振り返るタイミングと受け止めましょう。

じぶんサイズ起業は長距離マラソンです。まずはしっかり体調を整えてから再スタートしましょう。どうしても時間が足りない、これ以上は体力や気力も無理と感じたならば、ライスワークを減らしていくことを真剣に考えましょう。

人によっては雇用形態や職場を変わらなければならないこともあるでしょう。

正規雇用で働いている方は特にむずかしい決断をするタイミングです。

この場合、会社を辞める選択をするのが起業の王道と思われるかもしれませんが、じぶんサイズ起業ではライクやライフワークを広げていくことだけを考えるのではなく、少しスピードをゆるめたり、活動規模を小さくしたり仕事や家庭とのバランスを見直す選択もあるのです。

雇用形態や職場を変えることだけが、ライスワークをゼロにすることだけが、じぶんサイズ起業の在り方ではありません。大切なのはあなたの日々の暮らし全体がより心地よく、自分らしい幸せを実感することなのです。

今までこっそりと密かに、迷惑をかけないようにプチ起業を始めていた方も、いよいよ忙しくなってきて家族や周囲に応援や協力を頼まなければならないタイミングがやってきます。この先を進むには隠してコソコソと続けるわけにはいかなくなってきたのです。

家族、特にパートナーに賛成協力される場合は問題がないのですが、反対や否定される場合もあるでしょう。あなたができることは心を込めてあなたの思いや活動内容を伝えることです。大げさに聞こえるかもしれませんが、妻であるあなたの人生や生き方につながる話なのです。夫婦でお互いのこれからの暮らしや生き方について話すタイミングが来たのです。

このようにライスワークをゼロにすることを考えるタイミングは、あなたのこれからの人生や生き方にも関わってきます。

ライク、ライフワークを個人事業主や経営者として位置付けをして自営業を行っていくのか、変動はあるが安定した収入が見込める仕事や商いの仕組みや基盤が出来ているのか、あるいは、ライスワークをゼロにしたとしてもあなたの生活の基盤には大きな影響はないのか、等々多方面から考える必要が出てくるのです。

収入の二割からじぶんサイズ起業を始める

じぶんサイズ起業のご相談にいらっしゃる方々に「起業されたらいくらぐらいの収入をご希望です

か？」とお尋ねすると多くの方々が月二十万から二十五万円位欲しいとおっしゃいます。

この金額の根拠は、首都圏で家賃や生活費を支払ってなんとか生活できることやフルタイムで働いているOLさんの一般的な月収をもとにされています。

しかし、あなたの収入としてその金額を受け取りたいならば、「売上」はそれ以上なければなりません。

出勤して任されている仕事を行なえば毎月給料を受け取ることができる従業員としての働き方と、仕事でも売上につながる働きをしなければ収入とならない自営業という働き方では違うのです。


プチ起業であっても自営業です。

ここで私は心をオニにして受け取りたい希望収入と実現可能な収入を一緒に整理し、確認していく作業を行います。

皆さんこの作業をされていくと夢や希望が現実から遠ざかるようでがっかりと落ち込んでしまうのですが、プチ起業家マインドが鍛えられるところなのでしっかり現実と向き合い、頑張って乗り越えてほしいところです。

実際、一人で何役もこなさなければならない、仕事以外にもしなければならないことを多く抱えたじぶんサイズ起業家の私たちは、仕事にどのくらいの時間やエネルギーを費やすことができるのでしょうか。

正規雇用でフルタイム働いているシングルの方と非正規雇用で親の介護をしながら働いている方、パートタイムで働きながら主婦業をされている方では仕事に向けられる時間やエネルギーが違ってきます。

また、家庭の状況によっても個々に違いもあるでしょう。

そこが仕事だけの成功を目指している一般的な起業と、仕事と家庭とのバランスを大事にするじぶんサイズ起業とは違う仕事の在り方になります。

まずは収入の二割からじぶんサイズ起業を始めましょう。

ライスワークで月収が二十万円の方は、好きなことやりたいことで平均的に月四万円の収入を得ることが当面のお金から見た目標です。

今働いていない方はお小遣いの二割を目標にしましょう。

ライフステージによって差がありますが女性のお小遣い平均額は二万円と言われています。このお小遣いの二割、すなわち四千円を好きなことやりたいことで稼ぐことを目標に始めるのです。

「たったこれだけでいいのですか」と皆さん驚かれますが、じぶんサイズ起業家は二十四時間仕事だけに集中できません。仕事と家庭や諸事情とのバランスをとりながらあなたのエネルギーを配分しなければならないのです。

この二割という金額は売上ではなく、諸経費を引いたあなたが手にする利益です。

好きなことやりたいことをお客様ゼロから仕事や商いにしていくのですから、たった収入の二割と思わないでチャレンジして下さい。

そして、安定的に二割を超えてきたらじぶんサイズを大きくするタイミングが訪れたのです。ここまで頑張ってきた自分を褒めてねぎらい、家族や協力者の方々、そしてお客様に感謝しましょう。

「じぶんサイズ起業を卒業しました！」というご報告を受けることが私の楽しみであり喜びでもあります。

第４章　女性のためのじぶんサイズ起業七つの心得

三年後も自分らしく働いていたい。今日を未来につなげるコツ

「起業したい」と考えても、本当に起業する人はわずか

起業を志す女性の理由の上位は、

◎　性別に関係なく働くことができるから

◎　趣味や特技を活かすために

◎　家庭や子育て、介護をしながら働けるため

です。私がじぶんサイズ起業を始めた理由も身内の闘病生活がきっかけです。同じ起業するならば好

きなことややりたいことをしたいと思ったからです。

日本の約八割の女性は、まだまだ「起業」には関心がないと言われています。「起業したい」と考えた、残り二割の女性たちでも準備段階において起業できるかどうか不安を感じるようです。その不安を乗り越え本当に起業する人は、わずか約５％だそうです。（出典『中小起業白書』二〇一四年版）

このような状況ですから身近な人を参考にしたいと思っても、女性の起業家と出会えないのが現状です。

でも、プチ起業の方は、この５％の中には含まれていない場合もありますので、もっとあなたの身近な存在かもしれません。

あなたの女性の友人や知人で起業された方はいますか？

じぶんサイズ起業、プチ起業をされている方はいますか？

どんなサイズでも起業よりむずかしいことは継続することです。

継続できなかった主な理由は、

◎　家庭との両立のむずかしさ

◎　家族の理解や協力を得ることができなかった

◎ 提供する商品やサービスに自信が持てなかった
◎ ひとり起業に向いていないことがわかった

などで、一年間はなんとか続けられたとしても、起業家マインドを育てずに三年後も活動を続けている方は少ないことが現状です。

昨今では女性活躍推進法の影響で女性向けの創業や起業講座があちらこちらで開講されています。しかし、行政や協力団体が行っている創業や起業講座は、事業化や会社設立が前提のものが多く、それは理想なのですが、じぶんサイズ起業をめざす女性にとって身の丈には合わないノウハウやビジネス方法となっているのです。

例えば、水に浮いたこともない人に飛び込みや泳ぎ方をいきなり教えたら、水自体が怖くなってしまい、泳ぎを覚えるどころか二度とプールに入ることが嫌になってしまうのではないでしょうか。まず足を入れて顔を水につけて水の中に立ってみる。そして、ちょっと溺れて水の怖さも体験してみる(笑)。そのように徐々に仕事や商いの経験を積んでいく起業方法があっても良いのではないでしょうか。

起業したいと考えても本当に起業する人はわずかです。

じぶんサイズ起業をするかしないか。今後の暮らしや生き方をどのようにしたいのか、あなたの暮らしや人生全体で働き方を選択しましょう。

ワクワクした人生には不安がつきまとい、安定した人生には退屈や不満がつきまといます。今まで述べ千名以上の女性の様々なお悩みに接してきたライフ・ナビゲーターの経験からも実感しています。

三年後もあなたらしく働き続けていただきたいので、「未来につなげるコツ」をじぶんサイズ起業七つの心得としてお話ししたいと思います。

1 感情の波は直結させない

「なんだか気分が乗らないのでやっぱり明日にしよう」

「週末なら時間があるかな。今日は疲れたからおやすみなさい」

じぶんサイズ起業家には、あなたの仕事の進捗をチェックしたり、指示を出したりする上司はいません。スケジュール管理をしてくれる秘書もいないのです。

誰の指図も受けないので、「うるさい上司がいなくていいわ！」と自由で気ままなように感じるかもしれませんが、その代わりにあなたは誰の指示がなくても淡々と仕事を進め、自分の意思で感情や欲望を抑制するセルフコントロールをしなければなりません。

体調がすぐれず気分が乗らないときもあるでしょう。

私も家族と暮らしていると自分だけではどうしようもないハプニングに巻き込まれ振り回されてしまうこともあります。

心がどんな状態でもとりあえず職場にいれば、お給料をいただける従業員という働き方と、あなたが行動しなければ何も生み出すことがない、売上につながらないひとり起業家では仕事のルールが違うのです。

そう考えると、イライラした感情のまま仕事をしても、やる気がなくても、雇用主はしっかりとあなたにお給料を支払い続けてくれるのですから、すごいことだと思いませんか？

女性の感性や感情の豊かさは、やさしさや潤いを生み出す特性がありますが、あまりにも気分の波に翻弄されては仕事や商いが滞ってしまいます。

自分の手で仕事を生み出しているじぶんサイズ起業家はセルフコントロールが大切です。

さらに四十代から五十代へと私たち女性は閉経や体調の変化の時期を迎えます。二十代の女性のように「数日、徹夜しても大丈夫！」などもってのほか。そこを無理しても結局はダウンしてしまうので、健康管理もセルフコントロールの一つと意識していきましょう。

じぶんサイズ起業家は、あなたがあなたをチェックして管理する上司であり秘書なのです。

郵 便 は が き

108－0014

恐縮ですが、
切手を貼って
お出しください

東京都港区芝5丁目13番11
第2二葉ビル401

青山ライフ出版
読者カード係 行

通信欄

ご意見・ご感想などお寄せください。小社ウェブサイト（http://aoyamalife.co.jp）で紹介させていただく場合がございます。あらかじめご了承ください。

読者カード

青山ライフ出版の本をご購入いただき、どうもありがとうございます。

●本書の書名

●ご購入店は

・本書を購入された動機をお聞かせください

・最近読んで面白かった本は何ですか

・ご関心のあるジャンルをお聞かせください

・新刊案内、自費出版の案内、キャンペーン情報などをお知らせする青山ライフ出版のメール案内を（希望する／希望しない）

★ご希望の方は下記欄に、メールアドレスを必ずご記入ください

・将来、ご自身で本を出すことを（考えている／考えていない）

(ふりがな) お名前	
郵便番号	ご住所
電話	
E メール	

・ご記入いただいた個人情報は、返信・連絡・新刊の案内、ご希望された方へのメール案内配信以外には、いかなる目的にも使用しません。

２ 細切れ時間を最大限に活用する

一人で何役もこなさなければならないあなたがじぶんサイズ起業を始めるのですから、そのための時間をどのように生み出していくかが起業への鍵となります。

皆さん事情は違いますが、「時間がない」ことは共通しています。

じぶんサイズ起業をきっかけに生活全体を見直して「時間」を生み出す必要が出てくるのです。

それでもまとまった時間を作り出すことはむずかしいかもしれません。そこは十五分や三十分、いえ、五分でも細切れ時間を最大限に活かしていきませんか？

じぶんサイズ起業家の先輩方や私も段階的ではありますが、時間を生み出すために試行錯誤を繰り返して仕事や商いを育てています。

例えば、手の込んだ料理は特別な日以外はやめて、毎日の食事は素材を活かしたシンプルな食事に変えます。シンプルな料理は健康的でもあるのです。

以前読んだ本にこんなことが書いてありました。ある留学生がホームステイ先で「日本のママはどうして食事作りにあんなに労力をかけるのか。それに一緒に食事を楽しむこともなく、キッチンで次の料理を作っている！」と驚いたそうです。そのご家庭では夫には和食、子供たちにはパンに合せた洋食を朝から準備。お弁当作りに夕食は日替わりで和食や洋食、中華、韓国にイタリアンと多国籍だったそうです。

日本人で身体に良いから和食は当たり前ですよね。お子さんがいらっしゃればボリュームがあって味付けも人気があるハンバーグや唐揚げ、オムライスなど作られるのでありませんか。餃子やチャーハン、ラーメンも登場するでしょう。作るだけではなく買い物もしなければなりませんね。

いつの間にか負担を増やしているのは自分自身、であれば負担を軽くすることも自分自身なのです。

掃除が苦手で大変だと感じているならば、「ミニマリスト」の方々の生活の中にヒントがあるかもしれません。私の経験からもどんなにアイデア商品や隙間家具を使って収納しても物が減らない限り、しばらくすると汚部屋が復活しています。物を持たない「ミニマリスト」には、やりたいことを仕事や商いにするじぶんサイズ起業家の私たちと共通点があるのです。

ミニマリストたちは物を持たないのではなく、大好きなものを持っているのです。大好きな物や服に囲まれた生活をしているので、物や生活を通して「自分とは」と向き合っているのです。じぶんサイズ起業家は、仕事や商いを通して「自分とは」と向き合い続けます。

時間は一日二十四時間。

「この時間は私にとって大好きな時間だったのだろうか」

「今の時間は私にとって有意義なひと時だったのだろうか」

と見直してみましょう。

テレビ番組や映画、ネット情報も厳選されていくでしょう。友人や知人とのおつきあい、人間関係に変化も起きるでしょう。そこから作り出した三十分、一時間の時間に何ができるのか、何をするのか。その積み重ねがあなたの仕事や商いを未来につなげていくのです。

3 イライラしたら優先順位の確認をする

セルフコントロールをする、細切れ時間を最大限に活用する、とわかっていてもやはりイライラするときはあります。

私も新しい商品やサービスの準備をしながらホームページの更新が滞っているときに、同居していた姪っ子たちの学校や塾の予定と、親の体調に合わせて仕事や家事をやりくりしなければならない日々が続くと、さすがにイライラがピークに達しました。

このままでは八つ当たりしかねないと、仕事帰りにカフェに立ち寄ったり、わずかな時間でも静かな図書館に逃げ込んだりと、意識的に一人の時間をつくりました。

そのときは、思いっきり家庭のことは後回しにして家事は手を抜きます。

そして、「私の今の優先順位は何だろう」と一人になって思い返すのです。

あなたの優先順位の一番は何ですか？　どのような順番になっていますか？

昭和の父親たちは、「仕事だから仕方がないだろう」と家庭を顧みず仕事に没頭することが当たり前と思ってきました。「仕事」といえばそれがどんなことであっても家族やパートナーシップよりも優先されていた時代です。

我が家は町工場を父方の祖父母やきょうだいと家族経営していたので、仕事が常に優先されていたのです。母はパートナーの父親を最近までどんな人だかよくわからなかったと言うほど家庭にいなかったのです。

迷惑をかけ、信用を失うようなことをしてはいけませんが、この昭和の名残のような働き方は人として幸せなのだろうかと思います。

多くの人たちは「仕事だから仕方がないだろう」という生き方をやめようとしているのではないでしょうか。

じぶんサイズ起業家は仕事よりも優先したいこと、しなければならないことがあるのです。子育てや看病、介護かもしれませんし、あなたの体調を整えることかもしれません。パートナーと出会い結婚して出産することかもしれません。

じぶんサイズ起業を始めようと考えたのは、仕事以外にしなければならないこと、したいことがあったからではありませんか。いつの間にかそこを忘れてしまい第一優先が仕事になってしまったときにイライラが沸点に達してしまうのです。

私もイライラが募ったら一人の時間を作り、冷静になって優先順位を確認する作業を行います。頭や心の中で描いてもいいですが、しっかりと紙に書くと視覚的に受け止めることもでき、心の整理にも役立つのでお勧めします。

そして、長い目で見ると優先順位も変わってきます。いつか子供も手が離れますし、看病や介護も終わるときがきます。そのときもしあなたが望むなら、優先順位の一番を「仕事」にしてもいいのです。

4 子育てのように仕事や商いを育てる

じぶんサイズ起業は子育てのように仕事や商いをゆっくり育てて成長させていく長期戦ビジネスです。子どもは、あなたの思うようにならず腹ただしいこともあるし、怪我や病気をするときもあるでしょう。一方、いつの間にか頼もしい成長に驚き、一人の人間として我が子を見るときが訪れます。それは一朝一夕ではなく数年、十年以上かけた成長なのです。

子育てと同じようにじぶんサイズ起業から喜怒哀楽を経験されると思いますが、あなたが「やめた！」と言わない限り続けることができるでしょう。

それは今のままで良いということではありません。子供の成長に合わせて食事や衣服、教育も変化するように、あなたが提供する商品やサービスをリニューアルしたり、新たに生み出したりすることも必要です。

じぶんサイズ起業家自身も経験し学び続けていくのですから、基本となる活動分野や内容自体も変わるかもしれません。ハンドメイド作家さんからヒーラーへ、イラストレーターからカウンセラーへ主な活動を移している方もいます。

あなたの好きなことややりたいことが移っていくこともありますが、あなたの暮らしの変化や時代の流れ、何よりお客様も成長してあなたに期待することが変わって来ることもあるでしょう。

その変化を「面倒くさい」「やめたい」と思うのか、「面白い」「挑戦してみよう」と捉えるのかによって違って来るでしょう。

子供を育てるようにあなたの仕事や商いを育てていきませんか？

5 「何でも屋」を楽しむ

じぶんサイズ起業はひとり起業です。そのためあらゆることを自分ひとりで行わなければなりません。ひとりのお客様に出会い、商品やサービスを提供するまで色々なことをあなたひとりで行うことになります。

例えば、オーガニックのパンを製造とネット販売を主に活動している四十七歳のマイコさんの場合は、

○　製造（材料の仕入れから完成、掃除）

○　販売（商品の撮影、ブログやホームページの更新、チラシ作りやイベント出店）
○　お金（価格の決定、仕入れから売上管理、入出金管理、記帳や確定申告作業）
○　お客様（注文や問い合わせ、アフターフォロー）
○　学ぶ（パンやオーガニック全般、健康、商売や経営について）

と、大雑把にいうとパンの製造から掃除、顧客フォローから会計処理と日々の仕事を行っている上に、将来どうしたいのか、どのようにしていくのか方針を決めることを自分自身で行わなければなりません。

もちろん、ホームページの作成や更新、経費処理や確定申告作業など専門家にお願いすることも可能です。ひとり起業と言ってもすべてをひとりでやる必要は全くありません。どこまで自分でやるのか、システムを使って自動化するのか、専門家にお願いし外注するのか皆さんそれぞれ違います。

予算の問題や費用対効果が一番悩みどころと皆さんおっしゃいますが、「これは自分でやりたい」というこだわりで判断される方も多いです。

それでも軌道に乗るまでは、何でもかんでもひとりでやらなければならないことが多いかもしれません。

ホームページやブログを始めるにしても操作やルールを覚えなければなりませんし、イベント出店の際は担当ブースの飾り付けの準備や配布するチラシも作られるでしょう。それを面倒くさいと言いたくなる気持ちもわかりますが、好きなことややりたいことを中心に「何でも屋」を楽しんでみて下さい。

自分では苦手だと思っていたことに面白みを感じたり、挑戦したくなったりするかもしれません。最初は体験や経験だと思って「何でも屋」を楽しむようにしましょう。

「経営の神様」と言われている松下幸之助は次のように言っています。

「ふつう、芸術といえば、絵画・彫刻・音楽・文学・演劇などといったものをさし、いわば精神的で高尚なものと考えられている。それに対して事業経営は物的な、いわば俗事という見方をされている。

しかし、画家が描いた絵が単なる絵具でなく画家の個性、魂であるように、企業家は事業の構想を考え、資金と人を集め、工場をつくり製品を開発し生産し販売する。その過程の一つひとつで画家が絵を描くごとく、経営者の精神が生き生きと躍動することによって、経営はまさしく芸術の名にふさわしいものといえる」（大西宏『松下幸之助の思考法』中経の文庫、二〇一一年）

この言葉を知った時、たとえプチ起業であったとしても好きなことややりたいことを商品やサービスという形にしてお客様に提供し、仕事と家庭とのバランスをとりながら将来どのように仕事をしていくのか考えることは同じではないかと感じたのです。

「経営はまさしく芸術の名にふさわしいものといえる」という松下幸之助の思考に触れたとき、自分の手で仕事や商いを生み出すじぶんサイズ起業家という在り方に目が開けたのです。

画家がキャンバスに絵を描くように自分の手で仕事や商いを産み育てていきたいものです。

6 従業員感覚を捨て起業家へ

あなたが始めようと思っているじぶんサイズ起業は、経済的な報酬のみを求めているならばこんなに割が合わない、効率が悪い仕事はないのではないかと実感されるかもしれません。

第1章でもお伝えしたように目先の収入だけを考えたならば正社員はもちろんのこと、派遣社員やパートタイマーとして働いた方が、定期的な給与、現金収入を得ることは確実です。働いた時間が労働時間となり、誰かに雇用されている「従業員」という働き方です。

じぶんサイズ起業では、あなたが働いたすべての時間は短期的にはお金に変わらないのです。しかし、目先の収入だけを追ってこのまま働き続けることが自分の未来にどのようにつながるのか疑問を持たれたのではありませんか？

また、好きなことややりたいことを仕事や商いにする働き方に挑戦してみたいと思ったのではないでしょうか。

実家や親戚がほぼ自営業で商店街育ちだった私は、中高生の頃から見よう見まねで文化祭で模擬店を出店し、商売もどきをして友人たちと一喜一憂していました。

社会人になり企業組織の中で働いていても周囲のようにうまく立ち回ることができず、どこに所属しても居心地が悪く場違いな感じを持っていました。

私はロバート・キヨサキ氏が伝える「四種類の働き方」（第2章参照）という考えに出会うまでいつも

モヤモヤした気持ちを持ったまま組織の中で働いていたのです。

「従業員」「自営業」「ビジネスオーナー」「投資家」という「四種類の働き方」は、生き方や求められる才能、仕事に対する考え方も全く違うことを知ったのは起業してからでした。

このように「従業員」から徐々に「自営業」へと異なるタイプへ移っていくために、あなたがいつの間にか身につけてしまっている仕事や商いに関する固定観念や価値観を、変更しなければならないことがあるのです。

じぶんサイズ起業家はその過程を一気に超える必要はありませんので、個人事業主やフリーランスを含めた自営業の先輩たちから徐々に学んでいきましょう。

面白いことに自営業や経営者としての視点が育ってくると、「自分を従業員として雇ったら、優秀なスタッフなのだろうか？」と客観的にみることができるようになってきます。

今思い返すと私は使いづらい従業員だったのではないかと思いますが、あなたはいかがでしょうか。

7 お金や商売の思い癖に気づき、変える

私は実家が自営業で商店街育ちにもかかわらず、基本となるお金を稼ぐことや儲けること、商売に対して多くのネガティブな思い癖や先入観がありました。

ちょうど家業が倒産して再興を始めてまもなくの頃、四人きょうだいの長女として生まれた私は、お

金にまつわる喜怒哀楽が日々の暮らしや進路の選択に直結していたことと、大人たちの会話やうわさ話を含め「資金繰りが厳しい」「あの家は夜逃げしたようだ」「お金を貸しても戻ってこない」「うまくいかなければ、この家や土地を売るしかない」などお金にまつわる会話が一般的な家庭より多かったのです。

そのため、いつの間にかお金に対してネガティブな記憶が蓄積され、視野の狭かった当時の私にとってそれが仕事や商い、お金の世界観のすべてだったのです。

そもそも「お金」を話題にすることを日本人は、特に女性の間では避ける傾向があったため、金融機関で働いていた経験があるにもかかわらず、自分のネガティブな記憶や思い癖に気づかず当たり前のように思っていました。

しかし、ひとり起業を始めてみると自分の中に馴染んでいたお金や商売に対するネガティブな記憶や思い癖と向き合わなければなりませんでした。

あなたも一つや二つ思い当たることはないでしょうか。

例えば、

「お金が欲しかったら、嫌な仕事でも取り組まなければならない」

「自分が豊かになったら誰かが貧困になる」

「商品やサービスの話をすることは押し売りのようで避けたい」

「私のお客様はお金がないので高額な商品やサービスは買わない」

などと、お客様に大変失礼な思い込みまで眠っていたりするわけです。これらの思い癖や思い込みにひとりで気づくことはなかなかむずかしいのです。なぜなら、自分では当たり前のこと、普通だと思っているので誰かに指摘されない限りわからないのです。

起業家や経営者の諸先輩の話をうかがったり、商いや経営についての良書を読んだりして、少しずつ起業家マインドを育てていきましょう。

三年後も自分らしく働いていたい

今から三年後、あなたはどんな生活を送っているのでしょうか。

「変わりはいるよ」と誰でもできる仕事だけを繰り返している三年後と、好きなことややりたいことをじぶんサイズで起業し活動を続けている三年後ではあなたの日々の暮らしの彩りが違うと思いませんか？

あなたがプチ起業家として人としても成長している姿を想像してみてください。

もしかすると三年後は、家庭の環境や事情も変わり、プチ起業家から個人事業主や経営者としてじぶんサイズを広げた活動ができるようになっているかもしれません。

三年後も自分らしく働いていくためには三つの実践ポイントがあります。

一つめは、第3章でお伝えした成功に導く四つのワーク（ライスワーク、ライクワーク、ライフワーク、ライトワーク）の歯車をゆっくり回してジョギングのように経営を続けていくことです。
私の場合はまず家庭を中心として、週三、四日早朝から四時間だけパートで働いて目先の収入を確保しました（ライスワーク）。

と同時に、女性向けに人生のさまざまなお悩みに子供の頃から培ってきたライフワークからアドバイスするライフ・ナビゲーターとしても起業しました（ライク／ライフワーク）。

お客様ゼロからの活動は、細切れ時間を活かし月に一度のペースでイベントに出展し、ブログやメルマガで情報発信とお客様との交流を心がけました。

幸運にも起業した翌月には、お客様ゼロから脱出しその五ヶ月後には少人数ですが、定期的にセミナーを開催するようになり、数年後には述べ千名以上の女性の方々をサポートさせていただくまでになりました。

しかし、その途中では自分の仕事だけに集中できる環境にいる男性起業家や若いシングルの女性起業家をうらやましく思い、彼ら、彼女らがどんどん先に進む姿を見て何度も焦り、家庭のことを後回しにしたい気持ちにおそわれました。

でも、私のような仕事以外にしなければならないことを多く抱えた女性にとって大切なのは、すぐに結果を出し目標達成をするような短距離ランナーのような経営ではなく、四つのワークを歯車のように回しながら日々の暮らしを感じ、環境の変化にも臨機応変に対応できるようなジョギング経営ではないかと気づいたときに、自分らしくていいことを実感したのです。

二つめのポイントは、好きなことややりたいことを専門的に極める「職人気質」だけを育てるのではなく、仕事や商いを成長させるノウハウを学び、試行錯誤を繰り返しながらも明日につなげていくことです。

私の今までの試行錯誤について起業仲間と雑談してる時、「それ、みんな知りたいと思うよ！」という何気ないひと言から、このじぶんサイズで進める仕事や商いの在り方が生まれました。

起業して四年目のことです。女性が、仕事と家庭とのバランスを考えながら経営し、その生き方に自信と誇りを持ち活躍を応援するバランス経営クリエイターというもう一つの肩書きで活動もしています。

そこで出会った起業家の方々の話から専門分野を追求し成長させることと同時に、起業家として才能を育てていくことがとても重要になってくることがあらためてわかりました。

三つめのポイントは、失敗したときやモチベーションが下がったときは、じぶんサイズ起業七つの心得を一つひとつ振り返ってみることです。

私たち女性にとって仕事は人生の一部にすぎません。

いえ、本当は性別に関係なく人にとって仕事とは人生の一部にすぎないのです。しかし、それを忘れるとつい仕事や商いが上手くいかないとイライラしてしまうのです。

ビジネスだけの成功者の時代はおわりました。

あなたは、あなたの「人生」の成幸者を目指して下さい。

私のじぶんサイズ起業は義妹の闘病生活がきっかけではじまりました。

家庭の事情によりフルタイムで働くことを断念したときは、目先の収入面にとても不安を感じました。またこの先、家庭での役割が一段落して再び働きたいと思った時には、「もう、どこにも雇ってもらえない」と悲観的な自分の未来を想像して、病人や家族を恨んだ時もありました。

しかし、紆余曲折を繰り返しながらも活動してまもなく十年目を迎えます。

プチ起業で始め、じぶんサイズ起業のノウハウを確立し、好きなことやりたいことで収入を得てお客様とともに成長できる日々はやはり幸せです。

子育てのように時間はかかりますが、「じぶんサイズ起業」を始めて本当に良かったと思っています。

その延長線上にこのように本を書く機会が訪れるなんて、十年前の私には想像もしていませんでしたから。

プチ起業からさらなるステージへ　じぶんサイズは伸縮自在

じぶんサイズ起業とはプチ起業です。本業を持ちながらまたは家事や子育て、介護など家庭の仕事を中心にしながら好きなことやりたいことを仕事や商いにして収入を得るという働き方の一つです。

一人ひとり仕事にかかわる状況や環境も違い、理想とする家庭と仕事とのバランスや仕事や商いのサイズもそれぞれ違ってきます。

数年続けていくと、あなた自身や家庭の諸事情により仕事に費やせる時間やエネルギーを収縮しなければならないときがあったり、逆にひと段落できたので時間やエネルギーを今より集中できたりするかもしれません。

じぶんサイズ起業は伸縮自在なのです。

さらに次のステップを願うならば、個人事業主や団体組織の運営代表者、会社経営者へと進むことも可能なのです。

もちろんそれにはより多くのことを学んで経験し、家族の協力や志を共にする事業パートナーとの出会いも必要になってきます。あなたの日々の暮らしはより仕事にウエイトを置くように変化していくことでしょう。

じぶんサイズとは「これだけ」「ここまで」とあなたの未来を限定や制限することではなく、「こうなりたい」「こうしたい」と選択した仕事や商いの結果なのです。

プチ起業から従業員を雇用できるまで仕事や商いを成長させてもいいし、雇用される従業員という働き方や家事や家庭を専業とする働き方が、あなたにとって幸せで心地よいと気づいたならばそこで立ち止まり、仕事や商いを収縮し止めていいのです。

実際にやってみなければ、経験してみなければわからないことはたくさんあります。

たとえ途中で止めたとしてもその未来はあなたの知らない、今とは違う少し成長したあなたに出会うことでしょう。

じぶんサイズ起業

実践編

第5章　じぶんサイズ起業家それぞれの時間と場所

最初から理想を求めすぎない

家族がもう少し家事を手伝ってくれたら……。

他のきょうだいも親の介護にもっと協力してくれたら……。

起業に使えるお金がもっとあったら……。

時間も場所もお金も○○○がもっとあったら、もっとスムーズに起業ができて、理想に近づくのに！

あなたがイライラする気持ちはわかります。理想に近づけようとする気持ちはあなただけのことではなく、お客様により良い商品やサービスを提供するためであることは十分わかります。

でも最初から理想を求めすぎると準備段階で息が切れてしまいます。

理想と現実の間でストレスを生み、その矛先を家族や周囲に向けてしまっては「そんなにイライラするんだったら止めたほうがいいよ」と言われてしまいます。身近な人には、応援団になってほしいのにそれでは困りますよね。

あなたのやりたいことを仕事にしていく過程で、その情熱がプラス面に出てくる場合は、推進力になりますが、もっと完ぺきにしたいと理想を求めすぎると、その情熱がマイナス面となってしまい、それがイライラの原因となります。

起業当初から理想の環境で始めようと完ぺきを求めることは、「じぶんサイズ起業」という山道へいきなりアクセル全開で踏み込み、登ろうとするようなものなのです。

まず現状を確認し、あなたにできることとできないことを冷静に判断しましょう。

あなたの夢や理想は少しずつカタチにしていけばいいのです。

あなたらしい時間と場所を決める

では実際に一人で何役もこなさなければならないあなたが、じぶんサイズ起業の活動をする時間はどのくらいあるのでしょうか。あなたが仕事や商いができる場所はどこにあるのでしょうか。

考えると「この時間は無理。この時間しかできない」「この場所は無理。これしかできない」と制限ばかりを感じるかもしれません。

そこは「ないない」探しではなく、「あるある」と可能性を探しましょう。家庭の事情や環境によって皆さんそれぞれ違いますが、じぶんサイズ起業家の先輩たちを参考にしながら、あなたらしい仕事の時間と場所を見つけていきましょう。

1 時間を決める

では、A4紙を一枚準備してください。そして、図1『あなたの生活リズムを知ろう』を作ります。タテに一時間毎に二十四時間、横に二列。左側にあなたの「現在の生活のリズム」を書き出し、右側に『起業準備中や起業後の生活リズム』を書き出します。

あなたがわかればいいのでメモ書き程度で大丈夫です。まずは左側の「現在の生活リズム」を埋めていきましょう。

図１　あなたの生活リズムを知ろう

	現在の生活のリズム	起業準備／後の生活リズム
０時		
１時		
２時		
３時		
４時		
５時		
６時		
７時		
８時		
９時		
１０時		
１１時		
１２時		
１３時		
１４時		
１５時		
１６時		
１７時		
１８時		
１９時		
２０時		
２１時		
２２時		
２３時		
２４時		

平均的な生活リズムを基本にして、もし、平日と週末や休日がだいぶ違うようでしたらさらに分けてもいいでしょう。

では、あなたの起床時間は何時でしょうか？　続けて1から6までの時間を書き出して下さい。

1、起床時間
2、仕事の時間（現在働いている場合。通勤時間も含める）
3、家庭の時間（家事や子育て、介護など）
4、生活の時間（入浴や犬のお散歩など）
5、睡眠の時間
6、あなたの時間（あなたの裁量で使える時間です）

6番目のあなたの裁量で使える時間はどのくらいありましたか？

シングルで一人暮らしの方と家庭がある方、実家暮らしで家事の負担が少ない方と親が高齢になり介護やサポートが必要な場合など、環境によって使える時間はかなり違います。

週末に少しまとまった時間を取れる方もいれば、週末は家族の予定に合わせるので自由に使える時間がほとんどない方もいます。

次に右側の欄を使ってじぶんサイズ起業後の生活リズムをイメージし、同様に1から6までの時間を書き出してみましょう。

2番目の仕事の時間に変化はありますか。６番目のあなたの時間を利用して活動していくのでしょうか。それとも他の時間を減らし活動の時間に充てているのでしょうか。

図2の記入例のように書き出せたら、ちょっとペンを置いて、右側の「起業後の生活リズム」の欄をながめてみてください。

そんな日々の生活を送っている自分をイメージしてみましょう。

いかがですか？　今よりちょっとだけ幸せな時間が流れていますか？

楽しそうですか？　それともどこかに無理があるように感じますか？

どこかの時間を削ったり、短縮をしたりしなければ、プチ起業もむずかしいと思いましたか？

仕事以外にしなければならないことを多く抱えたあなたの一日を客観的に見つめるために必要なことですので、最初に必ず行って下さい。

そして、「その限りある時間の中でも活動をしたいのか。起業したいのか」と自分自身に問いかけることが大切です。

図２　記入例　サンプル

	現在の生活のリズム	起業準備／後の生活リズム	
０時		パートがある日	パートがない日
１時			
２時	睡眠	睡眠	睡眠
３時			
４時			
５時		起床　アイデアや事務作業	
６時	起床　朝の支度	朝の支度	起床　朝の支度
７時	家事	家事	家事
８時	パート出勤	パート出勤	日頃できない家事
９時			
１０時			
１１時			
１２時	仕事	仕事	
１３時			じぶんサイズ起業
１４時			
１５時	パート終了	パート終了	
１６時	買い物　帰宅	買い物　帰宅	
１７時	自分の時間	メールの返信やブログの更新	
１８時			
１９時	夕食　家事	夕食　家事	
２０時	家族との時間	家族との時間	夕食　家事
２１時			
２２時	入浴　自分の時間	仕事に関する勉強／事務作業	仕事に関する勉強／事務作業
２３時		入浴　自分の時間	入浴　自分の時間
２４時	就寝	就寝	就寝

2 活動の「場所」を決める

次にあなたの商品やサービスを提供できるあなたらしい場所を決めていきましょう。じぶんサイズ起業家たちはどんな場所からスタートしたのでしょうか。

1、自宅（おうちサロン・料理教室）
2、ネット販売（ネットショッピング・ハンドメイド販売サイト・個人サイト）
3、カフェやファミリーレストラン
4、ホテルのカフェやラウンジ
5、イベント会場
6、レンタルサロン／レンタルスペース／貸会議室／貸スタジオ
7、レンタルボックス
8、お客様の自宅やオフィス
9、出張（依頼先・提携先）
10、公共施設（地区会館・公園・スポーツ施設）
11、自宅以外の所有物件
12、賃貸契約物件

あなたが思っている以上に活動する場所があると思いませんでしたか？　一つの場所だけにこだわることはありません。主な活動場所を定めたら複数の場所を使い分けてもいいのです。

私は環境的に自宅を使用することはできませんでしたので主な活動場所をレンタルサロン・セラピースペースパレット（東京都・新宿区）に決めました。

並行してイベントに出展し、知人のエステサロンのイベント企画にお招き頂き、出張も行いました。

クリスマス会はカフェと併設された貸会議室を利用したり、気候の良い季節には野外公園からレストランへ移動し、食事を兼ねた勉強会を開催したりお客様に楽しんでいただけるようにできるだけ無機質な会議室以外の場所を取り入れ工夫していきました。

ホテルラウンジのアフタヌーンティーをいただきながら、交流会やプチ・セッションを行う企画もよく見かけます。ゆったりとした、日常生活を少しだけ忘れた時間を過ごせると女性の方々に人気です。

確かに店舗やサロン、オフィスなど自分専用の空間を持つことは理想や夢の一つかもしれません。その都度場所が違ったり、大きな荷物を持って移動したりと不便なことは確かです。でも、お客様ゼロからスタートするのですから、最初から家賃を支払い、場所を借りることはリスクが高くお勧めできません。

また実際に借りようとすると、賃貸借契約の際に収入証明など必要書類を提出し、審査をクリアしないと賃貸契約ができない場合もあり、じぶんサイズ起業にはハードルが高いのです。実績を積み、手応えを感じてから準備しても充分です。

もちろん、初期投資や準備金が潤沢にある場合はかまいません。それでも実際に活動してみないとその仕事や商いが本当にあなたのやりたいことなのかどうか、お客様とともに成長したい事業なのか確信が持てない場合もあります。確信が持てない段階で、資金を投入することは賢いやり方とは思えません。

じぶんサイズ起業は、小さなリスクでスタートして、あなたの暮らしの変化とともに柔軟な対応をしながら、育てることが魅力なのです。

では、実際にじぶんサイズ起業家の皆さんがどのように時間や場所、仕事や商いの在り方を実践していったかお話ししましょう。

〔事例1〕　こだわりのスイーツをお届けします　【スイーツ料理家】

晴れた日には遠くに富士山が見える自宅で三十七歳のミズキさんは、子育てをしながら庭でハーブを育てることが趣味でした。ハーブやオーガニックなど身体や環境にやさしいものに囲まれて暮らす生活に幸せを感じ、いつか都会で暮らす人たちがゆったり過ごせるカフェをオープンすることがミズキさんの夢なのです。

今の優先順位の一番は三人のお子さんの子育て。一番下のお子さんが高校に入学するまでその夢はお預け、とミズキさんは決めていました。

しかし、夢までのスモールステップとして何もしないのではなく、できることから始めたい、夢のすべてを未来にお預けするのではなく今も楽しみたいと思うようになったとき、じぶんサイズ起業という仕事の在り方に出会ったのです。

ミズキさんは、家庭菜園で育てたハーブを使ったお茶やクッキーの詰め合わせと、フェアートレードの紅茶やオーガニックの食材を利用したカップケーキやブラウニーの詰め合わせと、ギフト用を主商品として販売することにしました。

家事や子育てと両立しながら、ハーブを育て商品を作り、受発注から発送まですべて一人で行わなければなりませんが、その過程は楽しく、「夢を先送りしなくて良かった」と言います。

家庭と仕事のバランスを取りながら続けていくためにミズキさんが気をつけていることが二つあります。

①時間をコントロールできないほど広げない

◇今は子育て中心の生活を大切にしたいので友人や知人、ご近所の方々とそのご紹介者からの注文に応じて商品を作り、販売する方法に徹し、仕事サイズを広げないようにする。

◇簡単なホームページとハーブのことや時々商品の紹介をブログにアップしているだけで、家庭があまりにも忙しいときは思い切って一ヶ月、二ヶ月休業する。

②利益を追わないこと

◇将来へのスモールステップ期間であるため、赤字は出さないようにし、必要以上に利益を追わない。

好きなハーブを育て、そのハーブを利用したレシピの開発やお客様からの感謝の言葉や意見をいただける経験はとても貴重です。

休業しているときは収入はありませんが、家庭とバランスを取りながら継続できるのは、従業員という働き方ではなく、じぶんの手で仕事を生み出している起業家だからです。

〔事例2〕　三つの魅力でネット販売　【キャンドル作家】

「もうすぐクリスマスでしょう。だから今が一番忙しくて」

四十歳のキャンドル作家のナミエさんは、公園で五歳のお嬢さんを遊ばせながらスマホで受発注の確認をしています。大手の通販サイトやマーケットプレイスを利用するのではなく、ブログ経由で独自のショッピングカートを使ってじぶんの手で制作したキャンドルを販売しています。

バックやアクセサリー、ブリザーブドフラワーなど今まで好奇心のままにゼロから作り方を学び制作してこられました。もともと手先が器用でセンスが良かったので商品化できるほどの水準になるのは人より早かったそうです。その中でもキャンドル制作に手応えを感じ、好きなことを仕事にしたいとプチ起業を始めました。

なぜ、ナミエさんは数々のハンドメイド作品の中でも「キャンドル」に手応えを感じたのでしょうか。

それは、キャンドルという商品にはじぶんサイズ起業には向いている三つの魅力があったからなのです。

①保存が効くこと

一年で一番キャンドルの注文が多い時期は、晩秋からクリスマスシーズンまでです。キャンドルはクリスマスのインテリアの一つとして自宅用やギフト用として人気が高く、注文が集中するのです。保存が難しいスイーツや食べもの、生花などと違い、キャンドルは夏の花火のように事前にコツコツと制作が可能で保存も効きます。

家事や子育ての合間の細切れ時間を使い制作し、家の片隅にストック、保存しておけるのです。

②消耗品であること

キャンドルに火を灯すといつかは消えてなくなります。

もちろん、火を灯さずにただインテリアとして飾っておくこともできますが、キャンドルの炎のゆらぎやアロマの香りを楽しむためには火をつけなければなりません。

もし、ハンドメイドの商品を販売したいならば、その商品が消耗品＝リピートしていただける商品であるということは、じぶんサイズ起業家にとってとても魅力的なことです。

消耗品とは、使い捨てということではありません。あなたの心がこもった商品をお客様が味わい、楽しみながら消えてなくなるということです。

③誰でも知っているもの

ナミエさんはキャンドルを日本在住の外国人の方へプレゼントしたらとても喜ばれた、とお客様から感想をいただいたそうです。

じぶんサイズ起業は小さな商いですから世界中の人々をお客様にする必要はありませんが、世界中の人が知っているキャンドルをメイン商品に選んだことは、ナミエさんの起業ステップをスムーズに運んでいます。

じぶんの手で商品を制作販売する場合は、できるだけわかりやすく誰でも知っているものを基本商品として扱うことをお勧めします。

誰も知らない、あなたが発明した商品やサービスを提供するタイミングは、ウォーミングアップが終わった段階からでも遅くはありません。

実は、はじめからナミエさんはこの三つの魅力に気づいて提供商品にしたわけではありません。キャンドルでネット販売を始めたら他のプチ起業仲間より、自分の活動がスムーズであることに気がついたのです。あくまでも結果論なのです。

ですがこのナミエさんの体験は、これからじぶんサイズ起業を始めようと考えている方にとって参考になるのではないでしょうか。

あなたの商品が三つの魅力すべてに当てはまる必要はありません。

もしかするとどれも当てはまらない、個性的な商品かもしれません。

その場合は、もう一度考え直し新たな商品を生み出すのか、それともあきらめずにその商品にするのかどうか決めなければなりません。

個性的な商品やサービスは、お客様に知ってもらい（認知）、受け入れてもらう（購入）まで時間がかかります。

その時間にあなたの情熱が付き合えるか否かが大きな課題となるのです。

当初から大きな課題に挑戦するのか、ウォーミングアップが終わってから挑戦するのかそのタイミングは起業家であるあなたが決めていいのです。

〔事例３〕　デイケア日が営業日　【おうちセラピスト】

先日、四十七歳のおうちセラピストのチカコさんが新サロンをオープンしました。

以前は、自宅の玄関横にある四畳半の小部屋をサロンとして使っていたのですが、そこには家族の洋服ダンスが鎮座し、床の間のある和室だったためどうしても生活感が出てしまうことが気に入らなかったのです。

やっと夢が叶った新サロンは、自宅を改築するタイミングで玄関を家族用とサロン用の二つに分け、中央にマッサージベッドとお客様がくつろげる椅子とテーブルを置いたお気に入りの空間となったのです。

一般的には専用スペースができたタイミングでじぶんサイズを広げ、積極的に活動を始めようとするのですが、チカコさんは違いました。

それは、チカコさんにはおうちセラピストとして活動できる時間がとても限られていたからです。

営業日は週に二日、午前十時から夕方まで。

ご夫妻にお子さんはいませんが、片道二時間かかる会社勤めのご主人とお母様の看病や在宅介護をしながらセラピストとして活動を続けるには、この限られた時間しかないのです。

営業時間は、お母様がデイケアサービスを受けている時間です。

お母様の看病により遅刻や早退、欠勤が重なり、このまま周りに迷惑をかけることはできないと会社を退職しました。しばらく、家事と看病、退院後の在宅介護の日々を過ごしました。

しかし、「子育ての終わりは想像できるけど、介護の終わりはわからない」「いつ終わるかわからない月日をただ家事や介護、家族のためだけに生きたくはない」とチカコさんは思ったのです。

まずは、好きなことを学ぶことから始めました。

ご自身も更年期に入りお母様の看病からも「健康」に対して興味があったため、都内にあるセラピスト養成講座に通い始めたのです。

お母様の体調が安定している期間や入院しているわずかな時間を利用して学ぶため、他の受講生の三倍も修了するまで時間がかかりました。

その間も入院している親の側にいない娘としての罪悪感、母親がつらい思いをしているのに自分は好きなことをしている後ろめたさがいつも心にひっかかり、何度も学ぶことを挫折しそうになったそうです。

しかし、「何かあったらすぐに連絡するので携帯の電源だけは入れておいてくださいね」「チカコさん自身の人生も一度しかないのです。犠牲心や罪悪感を持ち続けていたら途中で心やからだが折れてしまいますよ。介護の終わりはいつかわからないのですから」と担当医師やケアマネージャーの励ましで、なんとか学び続けることが出来たそうです。

その後、いくつかのセラピストの認定資格を取り、玄関横の和室でおうちサロンをスタートしました。

また、チカコさんの人柄と技術力を信頼してお母様が通われているデイサービスでハンドマッサージのボランティア活動も行ったそうです。

お母様の体調により当日のご予約をキャンセルしなければならないときもあるそうですが、家庭の事情を理解したうえでチカコさんを選んで下さるお客様とのひと時は至福の時間だと言います。

自分が好きなことを仕事にできる幸せは、チカコさんの暮らしに、人生に充実感や生きがいをもたらしてくれています。

じぶんサイズ起業は、それを叶えてくれるのです。

〔事例4〕 お勉強中のママからお預かり 【出張ベビーシッター】

四十歳のマリコさんは訪問や出張ペースでベビーシッターとして活動したいと、じぶんサイズ起業の準備を始めました。

出産と同時に会社を退職し専業主婦として家事や子育てを切り盛りしていましたが、お子さんが成長するにつれ再び働きたいと思うようになったのです。

「子供が好き」「今までの経験を活かしたい」と頑張り屋さんのマリコさんは、数年かけて保育士の資格を取得しました。

普通ならば資格を活かしてどこかの保育園で勤務する働き方を選択すると思うのですが、マリコさんはベビーシッターとして起業することにしたのです。

お聞きすると保育園勤務では一度に大勢のお子さんを相手にしなければならないこと、父母や職場の人間関係の負担をできるだけ軽減したい、家庭とのバランスを考えて仕事量の調整もしたい、といくつか理由をあげました。

マリコさんがイメージしているベビーシッター業は、対応するお子さんはおひとりが基本。多くても三名程でお客様のご自宅や指定された場所に訪問し、数時間程度お預かりするサービスを提供します。

主なサービス内容は、お子さんの個性や、親御さんの教育方針や希望に合わせたきめ細かい対応をする定期契約サービスとイベントや展示会の主催者側から依頼される単発的なベビーシッターです。

さらにマリコさんはじぶんサイズ起業を始める時点で他のベビーシッターさんと連携し、団体や会社を設立したいと事業化にも意欲的でした。

口コミや起業仲間のネットワークで準備の段階から、お仕事の依頼がありました。

最初のお仕事はママたちが料理教室で実習している間、小さなお子さんたちを預かる出張のお仕事です。

マリコさんは、事前にヒヤリングしたお子さんたちの年齢層や会場の環境に合わせて玩具や絵本をキャリーバッグに入れて自宅から会場まで一時間半かけて移動します。

包丁や火を扱う料理教室の会場の一角を使ってのベビーシッターは、生徒であるママたちからも料理教室の主催者さんからも好評でした。子連れ参加の方がいらっしゃった場合のみと不定期な依頼でしたが、次のお仕事へもつながりました。

続いてハンドメイドの展示会会場で作家さんのお子さんたちを預かるベビーシッターの依頼も入ってきました。展示会場が開いている午前中から夕方まで続けるのは、一人では疲れてむずかしいと実感もされ、次回は仲間と連携することを考えていました。

準備の段階でお仕事が舞い込み順調にスタートを切っているマリコさんでしたが、こんな悩みが出てきたのです。

「私の時給を計算したら、たった三百円でした。これでは子供のバイト以下ですね」

お話をうかがうとベビーシッターの料金は相場の一時間千五百円で提示したのですが、依頼者側もギリギリの予算で運営しているため別途交通費は出ません。

当日現場での準備や後片づけの時間は無償で、あくまでもお子さんたちを預かる時間分だけがベビーシッター料金の対象です。多くの起業家やフリーランスの方々同様、自宅で行う準備や事務処理、後片づけなど料金はいただけません。

本来ならばそれらを含んだ料金を設定するものなのですが、相場を考えると突出した料金設定ができないところが悩ましいと言います。

売上から諸経費を差し引き、労働時間で計算したらたった三百円にしかならない、と落胆してしまったのです。今後、経験や信頼度を上げ、付加価値の高いベビーシッターサービスを提供できるならば料金を値上げすることも可能でしょう。交通費や実費は別途いただける契約の交渉やいただける相手とだけ仕事をすることも選択してもいいでしょう。

　でも、自分の手で仕事を生み出す自営業には、お金を生まない時間や仕事があることは忘れていけません。

　マリコさんの「子供が好き」「子育ての経験を活かしたい」という動機と現状の時間と場所を考えて生み出したベビーシッターサービス業ですが、費用対効果や利益が気になったら立ち止まることも大切なのです。選択肢は二つです。

　資格を活かして雇用される働き方をするのか、創意工夫を凝らして利益が出るようにベビーシッターサービスを育てていくのか。もし、採算が合わないという結論が出たならば、ベビーシッターという概念を捨てる勇気も必要になってくるかもしれません。

　あなたならどうしますか？

　時間や場所という制限は不自由ですが、その不自由があるからこそ自分は何を優先したいのか、どのような働き方をしたいのか、どのような暮らしをしたいのかと起業準備をしながら自分を見つめることができるのです。

〔事例5〕 細切れ時間でハンドメイド 【布ナプキン制作販売】

長年月経痛に悩まされていた三十五歳のジュンコさんは、布ナプキンとの出会いによって月経血コントロールという方法を知り、もう一度食生活を見直すことで徐々に改善されました。その体験から「女性の健康と月経」をテーマにじぶんサイズ起業を始めたいと思いました。

しかし、三歳の男の子を育てながら治療院の受付でパートとして働き、残業で帰宅時間が遅いご主人との暮らしの中に自分の時間はありません。

布ナプキン製作のためにミシンを広げてみても「ねぇ～ママ、ママ」と話しかけられると手を止めずにはいられません。保育園でたっぷり遊んだとしても大好きなママとの時間は別なものです。

ご主人やお子さんが眠った後、製作のためにミシンを使った時もありましたが「音が気になって眠れないよ～」とご主人に反対されてしまいました。一日中動き回っているジュンコさんにとっても能率が悪いことを実感し、夜中の作業はあきらめたそうです。

土日祝日と木曜日はジュンコさんのパートはお休みですが、ご主人の仕事と保育園がお休みの日は家族中心で過ごしたいと決めたため、ジュンコさんが起業に集中できる時間は木曜日の保育園にお迎えに行くまでの数時間しかありません。

ブログを更新したい。物販サイトやホームページも作りたい。布ナプキンの製作もしたいし、材料の仕入れもしたい。同じように月経痛や不快な気持ちを持ち悩んでいる女性の役に立ちたい。初潮を迎える女の子とその親たちに、生理（月経）とのやさしい関係を持つことの大切さを直接伝える交流会を開催したいなど、行動計画はいっぱいあります。

しかし、ジュンコさんは「時間がない、時間がない」と焦り、お子さんやご主人へ八つ当たりし、反省と自己嫌悪を繰り返すようになってしまったのです。

一人で何役もこなさなければならない多くの女性たちに自分の時間はなく、起業のための時間が余っているわけではありません。時間の創意工夫をし、捻出しなければならないのです。

じぶんサイズ起業の時間は十五分単位で考えます。

十五分単位の細切れ時間でできることとやれることを書き出してみましょう。

例えば、初めの頃はブログの記事をしっかり書くと一時間くらいかかってしまうかもしれません。時間がなく記事がアップできなかったら下書き保存を繰り返し、別の時間の数分で公開すればいいのです。日頃から伝えたいことやキーワードを家事の途中や買い物先、子供と公園で遊んでいるときにでも浮かんだらその場でメモをとる習慣を身につけましょう。

パート先の同僚やママ友とのおつきあいも大切ですが、ほどほどに切り上げて「付き合いのいい人」はやめましょう。

なんとなく後ろめたい気持ちがありますか？　では、「私ね、福業を考えているの。じぶんサイズで起業を始めようと思ってね」と宣言してしまうのはいかがでしょうか？

失敗したらかっこ悪いから宣言はしたくありませんか？

新しいことを始めようとすると、誰もが多かれ少なかれ今までの人間関係に対して遠慮や罪悪感を抱くものです。

集団の中から抜け駆けするようで日本人は特にこのような感情をいだきがちです。

あなたの周りが応援団になってくれるとうれしいのですが、どのような人間関係なのか、相手の人生観でリアクションが違ってきますので宣言は慎重にしましょう。

「つきあい」か「仕事」か、どちらが良い悪いでは全くありません。

それぞれが自分にとってワクワクした時間を過ごすこと、過ごせる時間を作ること大切なことなのです。

今、あなたにとってワクワクすることがじぶんサイズ起業を始めること。

今、彼女らにとってワクワクすることがおつきあいでお茶をすること。

ともにワクワクした時間を過ごすこと、過ごせる時間を作ることに変わりはありません。

集中したい時間が欲しい時は、ご主人や家族、友人にもお願いしてみましょう。

あくまでも「お願い」です。小さなお子さんがいらっしゃる場合は二時間を一区切りにしましょう。それ以上の時間は、まだまだ成果が出ていないプチ起業を始めたばかりのあなたに快く協力できるのはむずかしいでしょう。

　時間感覚は二時間がちょうどよい時間です。もし、二時間以上あなたに協力してくれたならラッキーなのです。その時間、あなたはやりたいことをさせてもらっているのですから感謝を忘れずに。

　じぶんサイズ起業の時間は、週、月、年とそれぞれ長い期間で考えることを忘れてはいけません。

「今週はこれをしよう」「今月はこれだけでいい」「子供の手が離れたら、介護が終わったらこんなことをしたいな」と日々の暮らしの十五分という細切れ時間を活用しながら、週単位から年単位でできることとやりたいことをノートに書き出してみましょう。

　そして次に、実行できたことやできなかったことも確認します。

　この時注意しなければならないことは、実行できなかったことややれなかったことをカウントするネガティブなダメ出しチェックではなく、できたことややれたことをカウントして自分を認め、ほめるポジティブチェックがじぶんサイズ起業では重要です。

　あなたを叱る上司もいませんが、あなたの頑張りを認め、ほめてくれる上司もいないのです。三つ叱ったら七つ認め、ほめるように心がけましょう。ネガティブなダメ出しチェックばかりしていたら心が折れてしまいます。

「細切れ時間しか取れない」ではなく「細切れ時間でもがんばった自分」をぜひほめてあげて下さい。

〔事例6〕　家族のいないリビングで　【スローフード料理研究家】

四十五歳のミサキさんは、宅配便で届いたばかりの自然栽培や有機栽培で育てられた野菜や果物を段ボールから取り出しながら、

「料理の作り方を教えたり新しいレシピを考えたりするだけではなく、人にも地球にもやさしい食べ物とは何なのか、それはどのように育ち、なぜ良いのかみんなと一緒に考えたり分かち合いたいのです。それが私の好きなことでやりたいことかな」と言います。

明日は月に二回開催されている食育料理教室の日。

自宅の小さなキッチンとリビングを使って開かれる食育料理教室は、定員四名で満席となってしまいますが、遠方から通って来る方々もいるほどアットホームな雰囲気が人気です。

ミサキさんが、料理研究家としてじぶんサイズ起業を始めるにあたり、家族から約束してほしいと言われたことがありました。それは、自宅を使ってもいいけれど家族が帰宅する時間には、お客様（参加者）がいないことと、リビングはいつも通りに戻っていることでした。

「そんなこと簡単だわ！」と家族に提案されたときに思ったのですが、実際に活動してみると事前準備や段取りに慣れるまで半年くらいかかり、大変だったそうです。

ミサキさんの教室は、普通の料理教室のように作り方やレシピを教え、試食して終わりではなく、今

日使った食材がどのようなものなのか、誰がどのような思いで生産や栽培をしているものなのか、人の健康や環境問題から最新を盛り込みながら伝えていくところが特徴なのです。

さらにその日の参加メンバーによって話題は、子供の好き嫌いやアレルギー、孤食や「こども食堂」へと広がったり、メディアや雑誌に特集される糖質制限やマクロビオティック、ＭＥＣ食やグルテンフリーなどの食生活について意見交換したりと参加者同士の交流の場にもなっているのです。

「人の心とからだの健康は食生活から。人の幸せも食事から」をモットーに活動を続けることに生きがいを感じています。

しかし、ミサキさんの仕事のサイズは、自分の都合だけでは決められない、決めたくないと言います。なぜなら、今はご主人やお子さんたちが仕事や学校で外出している時間を使って活動していますが、お子さんたちが巣立った後、キッチンやリビングを改装して本格的な活動場所となるかもしれないし、巣立たずに結婚して同居生活が始まるかもしれません。

別の見方をすると自分で決められないのではなく、「これだけ」「これしか」というように仕事の在り方を限定したくないのです。

ミサキさんにとって大切なのは、「人の心とからだの健康は食生活から。人の幸せも食事から」をモットーに活動ができること。

時間や場所への強いこだわりは持たずに自分や家族の生活や人生の流れに合わせ、臨機応変に働き方を決めていくことを優先したいのです。

それは、じぶんの手で生み育てているじぶんサイズ起業家だからできることです。

定年されたご主人が、ミサキさんの仕事を全面的に手伝ったり、二人で本格的な事業化へと動き出したり、そんな未来が待っているかもしれません。

妻のじぶんサイズ起業が、定年後の夫の働く場所を作り、準備をしている。

そんな夫婦二人三脚があっても良いのではないでしょうか。

〔事例7〕 青空と公園が私のスタジオ 【ヨガインストラクター】

四十二歳のチサトさんは、晴れた空の下、健康やリラクゼーションを目的とした初心者向けヨガのインストラクターとしてじぶんサイズ起業を始めています。

最初のお客様は、友人や知人、そのまた友人の皆さんが参加応援してくれました。

クラスの様子をブログやインスタグラムに紹介していくうちに興味関心がある人が少しずつ増え、青空の下で行う開放感やチサトさんの親しみやすい人柄との相乗効果でリピーターも徐々に増えてきました。

お一人の参加費は一回三千円。一回に四人も集まれば、好きなことでお小遣いにもなるじぶんサイズ起業という働き方は、家庭や子育てとのバランスも考えると今は満足していると言います。

しかし、野外のヨガは、季節やその日の天候に左右され、雨天なら中止で収入はゼロです。また、開催できるか、できないのか判断して参加を予定している方々に毎回ブログやメールで連絡しなければなりません。月に三、四回ほどの開催にもかかわらず、チサトさんは毎日の天気予報が気になって仕方がないと言います。

チサトさんがヨガを開催している場所は、緑豊かで芝生が広がる公園です。

無料の公園は多く、たとえ入場料が徴収されたとしても貸し教室やスタジオなどの民間施設の利用料金と比較するととても安いのです。

しかし、公園に限らず公共施設を利用するときには気をつけなければならないことがあります。それは、利用条件をよく読んでみると商用目的として利用すること、参加費を集めて行うイベントや教室を禁止しているところがほとんどだからです。

当初、私も随分色々な場所を探しましたが、多くの公共施設は、多少規則がゆるくても施設のある場所の住民が主催していることや商用目的ではないこと、参加費を徴収していたとしても飲み物代程度、ワンコインほどと助言された経験があります。

じぶんサイズ起業家がイベントやセミナー、ワークショップなどを行う場合、市町村が管理する小さな会議室は、広さや利用料金がとても魅力的です。

一時間あたりの利用料金は、民間の半分、三分の一と低料金だからです。

しかし、ヨガだけではなく、ウォーキングやジョギング教室、スケッチや絵手紙教室といずれにしても有料イベント、参加費を集めて行うことを制限や禁止していることがあります。

もし、あなたが青空の下で、自然の中で何かをしたいと思ったならば、一度、その場所を管理している窓口にたずねてみましょう。


チサトさんは、今、新しい活動の場所を探しています。

それは、屋根の下で広い畳の間があるお寺です。

最近では宗派を問わず、お寺をもっと身近に感じてもらうために、様々なイベントや交流会が開催されたりしています。その一つとしてヨガ教室が開催できるのではないかとご縁を探しているところです。

寺ヨガがスタートしたら、初心者だけではなく瞑想も取り入れた中上級者向けのクラスも始めたいと夢が膨らみます。

ワクワクした夢を持ち追いかけていると、ふとしたきっかけで架け橋となる出会いやチャンス、タイミングが目の前に現れます。

チサトさんもそんな小さなキセキに導かれながら夢が実現することでしょう。

〔事例8〕　静かなカフェでアドバイス　【カードリーディング】

四十歳のミノリさんは、お気に入りの静かなカフェで個人セッションを行なっています。

お客様のご相談事にオラクルカードやタロットカードを使いながらアドバイスを行うカードリーディングです。

カフェなので席の事前予約は出来ないため、セッション開始時間より三十分以上早く訪れ、席を確保しなければならないことが、時々負担に感じています。

しかし、ドリンクを注文すれば場所代がかからないカフェを利用することは、しばらく続けたいと思っています。

ミノリさんのような環境でコンサルティングやコーチング、セッションを行なっている方々は大勢いらっしゃいますが、ここで気をつけてほしいことがその活動場所の環境や雰囲気、しつらえについてです。

カウンセラーやコーチ、コンサルティングや占い師のようにお客様の話を伺う対面サービスは、机と椅子があればどこでもできます。

実際に料理の香りが漂い、子供の声が飛び交うファミレスやオフィス街のカフェでカウンセリングやコンサルティングが行われている姿をよく見かけます。

私の近所の週末のファミレスでは、よくマンションや保険の商談がされていますが、そのやりとりや諸事情が私の方まで聞こえています。

「場所」の費用対効果や利便性を考えることは、経営者として健全なことです。

ミノリさんも場所代をセッション料金に反映したくない理由から、カフェを使ったサービス提供を続けています。

確かにあなたの商品やサービスがワンコイン（五百円）ならば、環境の整ったプライベートな個室や高級ホテルのラウンジを利用したサービス提供をお客様は期待していないでしょう。逆に、そのような環境でワンコインカウンセリングなど行われたのならば、お客様の方が恐縮してしまうかもしれません。

一方、一回、五万円以上するコンサルティングやセッションを人の出入りが激しい落ち着かない雰囲気のカフェやファミレスのような環境で行われたら、お客様はどのように感じるでしょうか。

どのような場所で活動をするにしても、あなたが提供するサービスに合っているか、あなたらしいかどうか考え、あなたの仕事の「世界観」に合った場所を決めることはとても大切なことです。

「世界観」が合っているかどうかは、感性やイメージ、感覚的なことなのでわかりづらいかもしれませんが、特に女性のお客様は敏感ですのでおろそかにしないようにしましょう。

じぶんサイズ起業家は、自分の好きなことややりたいことを仕事を通して表現しているので、あなたが好きで心地よいと感じた場所ならば大きなズレはありません。

しかし、好きや心地よさといった感覚的なことよりも費用対効果や利便性を優先してしまうと、あなたの世界観と離れた環境や雰囲気、しつらえの場所を選んでしまうかもしれません。

この気持ちはよくわかります。

私もどちらを優先するか電卓を叩きながら悩んだことが何度もありましたが、その度に世界観から大きく外れないように、お客様の期待を裏切らないように活動場所を選んできました。

レンタルサロンや貸会議室、貸スタジオなどを選ぶときも同じことです。

近年首都圏では、空室や空きビルの利用率を上げるために貸し室や会議室が増加しています。低予算を優先して場所を探してみると、メンテナンスの行き届いていない古いビルや好ましくない店舗が混在している雑居ビルだったりします。

この辺に無頓着な方を時々見かけますが、ちょっと残念に思います。

活動場所を選ぶ時、その場所の環境や雰囲気、しつらえなどがあなたの、あなたの商品やサービスの世界観にふさわしいかどうか考えてみましょう。

さらに最寄り駅や街並もどのような雰囲気で、どのように感じるかあなたの五感、六感を使って確認してみましょう。

コラム・お金の話

1 お客様とトラブルにならないためのお金のつきあい方

¥ 商品やサービスを何と交換する？

人類の商いの最初は、「物々交換」から始まっています。

同じようにあなたの商品やサービスも物々交換することもできます。

当初、私もボディーワークをする代わりにレイキ（ヒーリング）を受けたり、手作りアクセサリーをいただいたりと、交換セッションをした経験があります。

しかし、いつまでも物々交換を続けないようにしましょう。あくまでも報酬としていただくことは、「お金」が基本です。

もし、お金をいただくこと、適正価格で報酬を受け取ることに対して抵抗が続くならば、それはあなたの心にある「お金」へのさまざまな感情が表れているのかもしれません。

子供の頃から、ほしいものがあってもお金がないことで制限された人と、制限されず不自由がなかった人では違います。

また、毎月安定して給与ある公務員や会社員の家庭で育った人と、商売をやっている家庭、自由業の家庭など、それぞれお金にまつわる体験が違って育ちます。

あなたも一度、真剣に「お金とは何か」「お金に対する感情や思い込み」と向き合ってみませんか？

起業から離れ、遠回りするように思うかもしれませんが、お金と友好な関係を築くことは、長く続けるジョギング経営にとっては必要な基礎体力につながってきます。

¥ お金の流れを記録する

経理は、あなたの仕事や商いのあらゆるお金の流れを管理する作業です。伝票の起票や帳簿記帳、請求、支払い、さらに税金の申告、決算書の作成などが経理の仕事にあたります。

また、経理はあなたの活動を数字で「見える化」してくれます。

やりたいことを仕事にしているじぶんサイズ起業は、どうしてもお金に対して甘くなりやすいので気をつけましょう。

例えば、お客様からの入金が滞っていても「好きなことができたからまぁ～いいかな」と再請求しなかったり、仕事関係の勉強会やセミナーに参加しても「楽しかったからいいや」と領収書を受け取らなかったり、受け取ったとしても保管や記帳を忘れたりとルーズになりがちなのです。

あなたの活動を数字で理解し、客観視できないと現状が見えにくく、軌道修正や将来に対する方向性の判断基準が、気持ちや感覚にだけ頼ってしまうことになります。

この数字に取り組む姿勢がプチ起業から次へのステップ、お仕事サイズを大きくするときにとても役立つ習慣や習性となってくるのです。

どんぶり勘定のじぶんサイズ起業家にならないように気をつけましょう。

気持ちよくお金を受け取るタイミングを決める

あなたのじぶんサイズ起業は、売り上げと同時に代金をもらうことができる個人向けの商品やサービスを提供する「現金商売」でしょうか。それとも商品を納品、サービスを提供してから代金が入るまで時間がある掛（かけ）取引のある企業や団体がお客様でしょうか。

企業を相手にする場合、「月末締め翌々月払い」や何かのプロジェクトに関わって依頼された仕事の場合、「はじめに着手金としていくら、終了後に残金支払い」など先方に合わせた入金になることが多くあります。

気持ちよく代金、お金を受け取るためにタイミングを提示したり、双方で確認し、あいまいにしないようにしましょう。

キャンセルや返品規定をしっかり決める

あなたの商品やサービスを購入していただくお客様には、キャンセルや返品規定をわかりやすくお知らせすることが重要です。

キャンセルのタイミングやかかる料金、手数料などはそれぞれ違います。

○　一律
○　商品やサービスごとに決める
○　購入日から起算して決める
○　返金は一切しない
○　返金保障

など、あなたがルールを決めていいのです。あなたと同じような商品やサービスを提供している方々を参考にしても良いでしょう。

事前に掲示やお知らせしておくことは、あなたを守ることでもあり、お客様との関係を円滑にすることでもあるのです。

お客様からキャンセルや返品があるとガッカリしますが、どんなに素晴らしい商品やサービスをあなたが提供したとしても、お客様の都合や諸事情、時に社会情勢によって起きてしまうこともあります。キャンセルや返品という体験もしっかり受け止めプラスに変えていくことが大切であり、次のステップへ進めるかどうか決まってしまうので早く忘れ去りたい気持ちもわかりますが、しっかり向き合いましょう。

なんかむずかしい！　税金の話

「税金」はむずかしくて、面倒くさいと思う方も多いと思いますが、じぶんサイズ起業家として歩き出すのですから、これからは無頓着や無関係ではいられません。

ここは専門家に任せましょう。わからないことや知りたいことがあれば、税理士や税務署に教えてもらえば良いのです。

私はスタート当時に税理士の先生に経費処理の相談を受け、年末近くに確定申告のグループ相談会に参加し基本的なことを教えてもらいましたし、税務署に電話して教えてもらったこともあります。

簡単な税金についてのメールや電話相談、確定申告相談会を行っている税理士の先生もネット検索で見つけることもできますので、わからないことをクリアにしながら起業家マインドも育てましょう。

2 お客様ゼロからの価格設定

「お手ごろ価格」とは

お客様ゼロからスタートする場合、「お手ごろ価格」があることは良いことです。

専門的には「フロントエンド商品」といい、買ってもらいやすい集客用の商品やサービスを無料またはお手ごろ価格により一度体験してもらいます。そして、その商品やサービスの価値を感じてもらい、あなたが本当に買ってほしい利益の大きい本命商品「バックエンド商品」を買ってもらうというマーケティング方法の一つです。

テレビCMや新聞広告などで日常的に目にしていますよね。

しかし、あなたが本当に買ってほしい利益の大きい本命商品や流れが出来ていないときに売れば売るほど赤字が続き、段々つらくなってくるような価格帯の商品やサービスばかりでは仕事や商いを長く続けることができなくなってしまいます。

好きなことややりたいことでプチ起業をしたいと考えた段階で、集客商品と本名商品を意識し、お客様へ届ける流れまで出来ている方々はほとんどいらっしゃいません。

ですからお客様ゼロからスタートする段階の「お手ごろ価格」は、あなたの商品やサービスに気軽に触れたり、体験できたりする機会であることを覚えておきましょう。

また、じぶんサイズ起業家は、薄利多売の商いは無理があります。利益を確実に生み出し、価値の高い商品やサービスを少量だけどしっかり売り、稼ぐ「厚利少売（こうりしょうばい）」というスタイルを意識しましょう。

自信がなくて当たり前。無料からのスタート

勉強したことや資格を身につけたこと、趣味や人にほめられたことで始めるじぶんサイズ起業ですから、初めは自信がなくて当たり前です。最初から自信満々よりも経験しながら、自信をつけていく姿勢の方が長く続けられるのです。

最初は、あなたの商品やサービスの提供対価としてお金をいただくことにためらいを感じるかもしれませんね。

出来るだけ対価はいただいてほしいのですが、経験を積むことを目的にするならば思い切って無料や

無償で商品やサービスを提供することも一案です。

じぶんサイズ起業講座では、経験や技術、起業家マインドをうかがいながら、無料や無償提供をして経験を積みたいのか、積む必要があるのかどうかなど、あなたにとってベストな方法を設計していきます。

私の場合は、たとえ少額であってもお金をいただくことで起業家マインドを育てることが大事だと思ったため、体験価格や特別価格とうたい最初から代金をいただきました。

また、経験を積むための無料提供、特別価格であったとしても、最初にその期間を終了させる「区切り」を決めておき、いつまでもズルズルと続けるのはやめましょう。

価格には四つのステップがある

価格には四つのステップがあります。（図1）

一、無料・無償

二、お友達・モニター価格
三、通常価格
四、価格改定（値上げ）

ステップが上がる時、あなたとお客様の関係や気持ちに変化や揺れが起こります。

あなたが経験を積み学び、商品やサービスに磨きをかけているならば値上げをするタイミングが訪れるのは自然なことです。

しかし、多くのじぶんサイズ起業家たちは、「区切り」をしっかり決めたにもかかわらず、お友達・モニター価格から通常価格へと価格改定するときに悩まれます。

それは、

「価格改定（値上げ）をしたら、お客様がいなくなってしまうのではないだろうか」

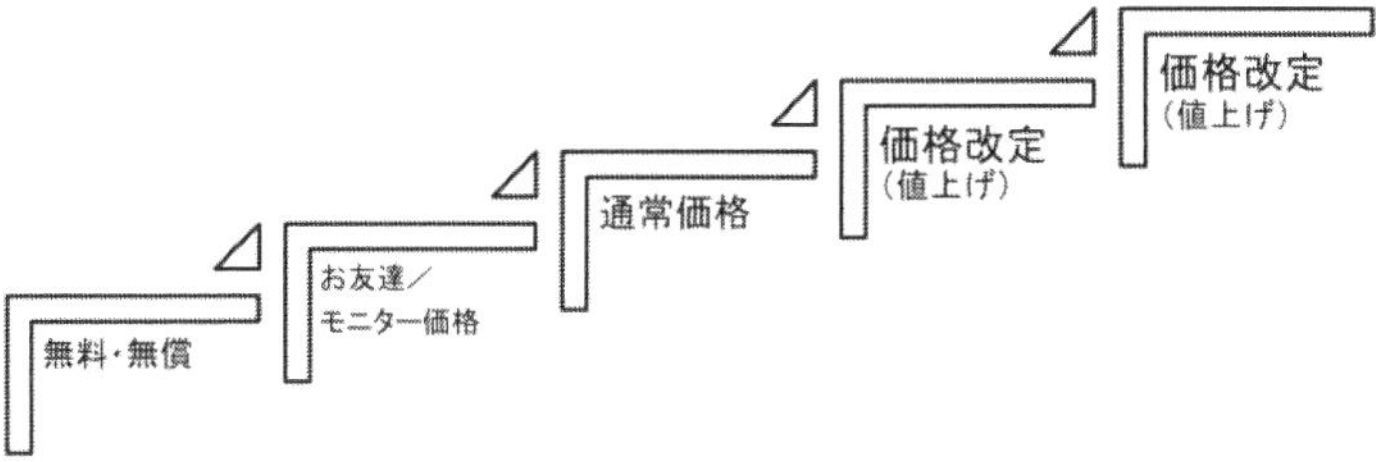

図1

という怖れです。

気持ちはとてもよくわかります。そして実際に、ある層のお客様が去っていくことは確かなことなのです。

あなたが法外な値上げをしていない限り、「高いわねぇ」「その値段だったらもういいわ」と離れていったならば、そのお客様はあなたの商品やサービスの良さより、お手ごろ価格にひかれていたにすぎないのです。

ですので、あなたが経験を積み学び、商品やサービスに磨きをかけてきたために訪れる自然な価格改定（値上げ）で離れていかれたお客様を深追いしてはいけません。

それよりも新しいお客様との出会いや、引き続きご縁のあるお客様を大切にすることにエネルギーを注ぐようにしましょう。

お友達・モニター価格から通常価格のステップに上ったときから、本当のあなたサイズの仕事や商いが始まります。

超簡単！　価格は足し算でシンプルに決める

初めてじぶんの商品やサービスに価格を決めるときは誰もが悩むことは当たり前のことですね。

これからお伝えする価格とは、通常価格いわゆる「定価」についてです。その決め方にはさまざまあると思いますが、最初はシンプルに定価を決めていきましょう。

じぶんサイズ起業家のはじめの一歩の定価の決め方はたった二つを合わせた足し算で決めていきます。（図2）

まずはその商品やサービスを提供するまでにかかったあらゆる原価や諸経費を書き出しましょう。

多くのじぶんサイズ起業家の方々は、「こんなにかかっているのでしょうか」「これも経費に含むのでしょうか」と驚かれます。趣味の延長の意識のままだと「このくらい、いいや」と公私混同してしまうのです。

もちろん厳密にはむずかしいと思いますが、皆さんにはやりたいことを仕事にしているけれど、利益はほとんどなく持ち出しばかりというじぶんサイズ起業家にはなってほしくはないのです。

図2

利益は暮らしのためだけでなく、次のやりたいこと、ワクワクへの投資にもつながるのですから。

次に足し算するものは「幸せ」です。

幸せと感じる金額、ワクワクする気持ちはいったいいくらなのでしょうか。幸せ値段を算出しましょう。お客様から商品やサービスの提供として受け取ることをイメージして、どのくらい金額が、どのような気持ちなるのか、正直に受け止めてみましょう。

原価・諸経費と幸せ値段と足した金額が、その商品やサービスの販売、提供価格となるのです。

お客様に売るのは「感動」

あなただけしかできない、スペシャルな商品やサービスを提供し続けることはとてもむずかしいことです。そのため、少しでも売れなくなると安易に値段を下げる行為に走りがちです。その衝動にかられる気持ちはよくわかりますが、あなたにはお客様が求めるあなたらしい商品やサービスを提供していくことに、いつも取り組んでいってもらいたいのです。

お客様はその商品やサービスがほしいことは確かですが、その商品が生活にどんな彩りを添えるだろうとイメージして、「ほしい！」と購入されるのです。寝室に置いてあるドラッグストアで買ったままのむき出しのティッシュボックスを英国風のカルトナージュのティッシュボックスに置き換えた瞬間、お客様は「うわぁ〜、ステキ！」と感動を体験されるのです。

これからじぶんサイズ起業を始めようと思っていらっしゃる方には、やや深い話かもしれませんが大切なことなので心にとめておいてください。

お客様に販売するものは商品やサービスだけでなく「感動」を販売していることも忘れないようにしましょう。

そして、行き詰まったら価格を下げる前に、「私の商品やサービスはお客様に感動を与えているのだろうか」と考えてみましょう。

第6章　じぶんサイズ起業の発信を始めよう！

ソーシャルメディアのはじめの一歩

インターネットの技術を利用し、個人が情報を発信することで形成されるさまざまな情報交流サービスの総称を「ソーシャルメディア」と言います。

ブログ、ツイッター、フェイスブック、ユーチューブ、インスタグラムなどを指し、その中にミクシィやフェイスブックのように人とのコミュニケーションを目的としたＳＮＳ（ソーシャルネットワークサービス）が含まれます。

コメント欄をオープンに読者との交流を目的としているブログは、ＳＮＳとも言えますが、逆にコメント欄を閉じていたり、一方的に情報をアップしていたりするだけのブログはＳＮＳではありません。

あなたは日常的に何らかのソーシャルメディアを利用していますか？　さらに誰かの発信したものを読むだけではなく、自ら発信もしていますか？

私たちのような一個人が、起業できるようになったのは、インターネットが普及したおかげと言っても過言ではありません。

じぶんの手で仕事を生み出す起業家は、何らかのソーシャルメディアを利用して、商品やサービスのご案内やお客様との交流を行っていくことが必要不可欠です。

これからあなたの商品やサービスはもちろんのこと、あなた自身のことを伝えていく、自己開示をしていくこととなりますが、不特定多数の人々が見るネット上にアップするには、個人情報やそれぞれの利用条件、注意事項など細かな点に気を配ることが必要になってきます。

例えば、家族との日常生活を伝える記事で、はっきりとわかるお子さんの顔写真を掲載している方が大勢いらっしゃいますが、セキュリティー面では大丈夫でしょうか。

自分自身で身の安全を確保することがむずかしい小学生以下のお子さんの場合、はっきりわかるような写真の構図は使用しないとか、写真加工ソフトやアプリを使い飾りやモザイクで処理をしたりすることもお勧めします。

自宅をおうちサロンやオフィスとして使用する場合は、詳細な住所は公開せず、最寄り駅から徒歩やバスで何分程度か掲載し、住所は市町村まででとどめておきましょう。

詳細な住所やアクセス方法は、ご予約時にお客様へ直接メールやご案内状、お電話でお伝えすれば問題はありません。

ご自身の個人情報を守ることはもちろんですが、これからお客様の個人情報があなたの元に集まります。

大企業と同様に細心の注意を払い、お客様に迷惑がかからないように取り扱いには十分に気をつけましょう。

インターネット技術の進歩に合わせ、「ソーシャルメディア」は、様々に発展し、変化してきました。

私のようなインターネットのない時代に生まれ、育った世代は、追いつくことが大変です。二十代で結婚した友人は、仕事でネットやパソコンを使ってこなかったので未だに「使えないから～」と逃げ回っています（笑）。

企業内端末しか使ってこなかった方や接客やサービスがメインで、ネットは検索やゲーム、ニュースを読む程度という経歴の方もいらっしゃいます。

確かに、じぶんサイズ起業でお客様ゼロから始める場合、ソーシャルメディアは強い味方になります。

でも、どこまであなたが使いこなすか、勉強するか。それとも他に依頼し、外注するか。仕事や商いにどこまで取り入れるかは、よく考えましょう。

ブログやツイッター、フェイスブック、ユーチューブ、インスタグラム、ホームページの運用と一度に始めようと思わないで下さい。

また、すべて必要なわけでもありません。始めてみて合わないようでしたら頻度を変え、やめたっていいんです。

これらはあくまでもツールです。

コストもほとんどかからないので続けることをお勧めしたいのですが、無理だったら他の方法で、お客様との交流やじぶん発信をすればいいのです。

大切なことは、あなたの商品やサービスをお客様に届けることです。ソーシャルメディアの交流ばかり気になり本末転倒にならないように気をつけましょう。

流行に振り回されずにコツコツじぶん発信

じぶんサイズ起業を始めようか、どうしようか迷っている段階では、フェイスブックを積極的に更新して活用している方はほとんどいません。

また、ブログは読者であってもご自身でブログを持ち、発信している方も少なく、三割程度です。ツイッターとなるともっと少なくなります。

皆さん、起業のタイミングでインターネットの活用やSNSを意識しはじめますが、たくさんの情報や流行に翻弄され、どのように扱ったらいいか迷っているのが本音です。

最近では「SNS疲れ」という言葉を聞くようになりました。

SNSを利用することで精神的・身体的疲労のほか、じぶんの発言や反応を過剰に気にしたり、読者や知人のコメントに返答することに義務感を感じたり、不特定多数の利用者からのネガティブな書き込みや暴言、炎上に疲れてしまうのです。

仕事で利用するSNSは、遊びや趣味ではありません。仕事の一つです。

だからと言って、あなたを精神的にも身体的にも追い込んでまで続けるものではありません。その距離感が、いつも大切です。

幸いにもあなたや私たちの世代は、ネットだけでなく、リアルでつながった人間関係や対人関係の良さを経験しています。ＳＮＳをほとんど更新せずに、リアルなつながりだけで仕事や商いを展開している起業家の方もいます。

実名制のフェイスブックでは、最近では、「おじさんとおばさんがリア充を自慢して、ビジネスのアピールや宣伝ばかりだ」と十代や二十代が離れ、利用者が半減していると言われています。

私が起業した頃は、『ミクシィ』が人気でした。

その後、仕事で使うなら『アメブロ』と勧められ、ツイッターを使っていたときもありましたが、私のお客様の年齢層と合わないことと、うまく使いこなせず、短期間でやめてしまいました。

利用者が減少しているとはいえフェイスブックは、交流会やイベントで出会った方々と名刺代わりにすぐ交換したりつながったりできるので便利なツールです。

名刺交換の後、「フェイスブックやっていますか？」と尋ねられることはよくありますが、その後本当のつながりになるかどうかはまた別のものなのです。百名を超えた段階になるとつながった相手のアップしたものを見続けるには時間が足りません。

あなたも私も仕事以外にやらなければならないことが多くあるのですから、スマホを片時も離さない起業家やフリーランスの方々を真似ようとがんばっても無理があるのです。

インスタグラムで写真をアップしてユーチューブで動画もアップ。積極的にインターネットを活用している方もいらっしゃいますが大切なのはツールではありません。

あなたが何を発信しているのかが重要になるのです。

あなたは、それらのツールを使って、何を、どんなことを読者や、お客様に伝えたいかを忘れてはいけないのです。

ホームページとソーシャルメディアは使い分ける

次のステップとしてホームページを持つ必要があるのかどうかと悩まれます。プチ起業の方はブログや通販、販売サイトを使って商品やサービスを販売することはイメージできるのですが、ホームページについてはあるには越したことはないが、別に持たなくてもいいのではないかと考えてしまうのです。いくつものソーシャルメディアの他にもホームページを持ち、運営するとなると手間暇がかかり躊躇してしまう気持ちもわかります。

しかし、ホームページとソーシャルメディアでは使い方が違うのです。リアル店舗のないじぶんサイズ起業家にとって、ホームページは店構え、お店なのです。

皆さんも初めて行くレストランを予約する場合、そのレストランのホームページをチェックしていませんか？　食事のメニューはもちろんのこと店舗内の様子を知るために画像を見たり、お店のコンセプトやシェフのこだわりを知ることもホームページでできますね。

街や地域に馴染んでいる実店舗のあるお店やレストラン、治療院、美容院などはホームページがなくても店構えがあるので、そこに行けば様々な情報をお客様は受け取ることができるのです。今では実店舗のある場合でもホームページがないお店はほとんどないように、ホームページは仕事や商いをする場合必要不可欠なものとなってきています。

ホームページが店構えならば、ソーシャルメディアはお客様とのコミュニケーションの場、絆づくりなのです。

ですから、逆説的にいうとお客様とのコミュニケーションや絆づくりが、ソーシャルメディア以外にあるならば、ブログやフェイスブックの更新をせっせとしなくてもいいのです。

しかし、ホームページというお店がないとあなたに、あなたの商品やサービスに関心を持った方々はどこに行けば良いのでしょうか。

電話やメールであなたに直接問い合わせることもできるかもしれませんが、インターネットを使ったホームページは、シャッターを下ろすことなくあなたのお店、商品やサービスを二十四時間営業してくれます。そして、お客様の好きな時間に、好きなタイミングであなたのお店を訪ねてくれるツールです。

今ではブログ感覚でできるホームページ作成ソフトも販売されていますし、まずはお試しで始めることができるホームページ作成、運営サイトもあります。

じぶんの手で仕事や商いを生み出しているのですから、ここはぜひご自身でホームページを作り、運営してほしいところですがどうしても苦手な方は、ホームページを制作されている専門家へお願いしても良いと思います。

プチ起業であってもあなたの友人や知人、家族以外にもあなたの商品やサービスを提供したい、届けたいと思っているならばホームページというお店を持ちましょう。

有名人や芸能人のブログをまねしてはいけない

では、じぶんサイズ起業家がブログを書く時に気をつけなければならないこととはどんなことでしょう。

それはまだあなたは有名人ではないということです。もしかするとこれから始める分野では全くの無名の新人なのかもしれません。

だからと言って尻込みすることはありません。私もゼロからブログを始めてコツがあることを知ったのはしばらく経ったあとのことでしたから、自分は有名人でも芸能人でもないことをしっかり心に留めてブログを書き始めましょう。

有名人、特に芸能人のブログを読んだことがありますか？

毎日記事を更新することは見習うべきことかもしれませんが、ブログ読者の多くの人々が彼ら、彼女らのファンであるので、その芸能人の活動とは直接関係がなくても食べ物やペットの話、ファッションやショッピング、旅行などの記事も楽しく喜んで読んでくれるのです。


しかし、じぶんサイズ起業家のブログは違います。

なぜなら、これからあなたは、あなたの販売する商品やサービスを必要と思ってくれる、欲しかったと感じてくれる人々に向けてブログを書いていくことが基本となるからです。

そして、その記事を読んであなたの商品やサービスに興味関心を持ってくれる、持ち続けてくれる方々が読者さんであり続けることが理想となります。

と同時にその商品やサービスを販売している人は、いったいどんな人なんだろうと好奇心が湧くことは自然なことです。そのためにあなたの人柄に触れる日常生活や趣味、ペットの話をときどき記事にすることは親近感や共感のために有効です。


しかし、プライベートな記事をアップする時は特に注意が必要です。多くのタレントさんのブログと違い、あなたのブログを「また読みたいな」と思っていただけるためには、何らかの課題や問題が解決したり役に立ったりする内容であることが重要なのです。

もし、すでにブログを始めていたとしても、プライベートな内容が多く、これから提供する商品やサービスとかけ離れているならば思い切って新たなブログをスタートすることをお勧めします。「お引越し」でも「リニューアル」でもなく新たに始めることが大切です。「新たな活動を始めます。詳しくはこちらまで」と今までのブログにひと言添えればいいのです。

なぜなら、じぶんサイズ起業家のブログは、お客様あるいは未来のお客様（見込み客）に向けて発信し続けることがポイントだからです。

この際、独自ドメインのブログを始めるのも選択肢の一つかもしれません。

独自ドメインでブログを運営する場合は、先方の都合によりサービスの終了や突然ページが削除されることはないからです。ホームページのＵＲＬを取得する際に考えても良いかもしれませんね。

あなたが読者さんに、お客様に伝えたいことは何ですか？

あなたの商品やサービスによってお客様のどんな課題や問題が解決したり役に立ったりするのでしょうか。

お客様にどんな喜びや幸せを届けたいのでしょうか。お客様はどのような体験をして、どのような気持ちになるのでしょうか。記事をアップするときにちょっと心がけるだけで、読者さんがお客様へとつながっていくのです。

読者登録ゼロから始めるブログ発信

　これからブログを始める場合、既にあなたと同じ分野で同じようなことを発信しているブロガーを大勢見つけることができるでしょう。あなた自身が、そのブロガーのファンであり研究対象としているかもしれませんね。

　多くの読者さんを惹きつけているブロガーからどのようなことを発信し、どのようにブログを使っているのか、運営しているのか学ぶことは有意義ですが、参考程度に留めておきましょう。

　なぜなら、すでに多くの読者さんを持ち雑誌や出版、マスメディアへの露出がある場合は、前にお伝えしたように有名人や芸能人のようなブログの使い方をされている方々も多く、将来的には同じようなスタイルでブログを運営するかもしれませんが、スタート時点のじぶんサイズ起業家の参考にはならないからです。

　それよりもコツコツとお客様の役に立つ記事やあなたの人柄に触れることができるような記事をルーティーンのようにアップしていきましょう。

「思いついたら書く。書きたいことがあったら記事にする」という曖昧さだと文章を書くことが好きな人以外は、習慣になるまで継続することがむずかしいのです。

　まずはルーティーンで書くことを習慣にしてしまうのもお勧めです。

商品やサービスについて伝えたいこと、お客様の感想、ホームページに連動するような新しい商品やサービスの紹介、そして、あなたの人柄に触れることができるような日常生活などを記事にしていきましょう。

「どのくらいの頻度で記事を書けばいいでしょうか」という質問がよくあります。

毎日記事を書き更新できることに越したことはないのですが、だからと言って活動とは関係ない写真や記事をアップしても仕方がありません。

お客様や未来のお客様と共有したい、届けたい内容だったら週に二回、三回でもいいのです。何より継続することが大事なのです。

とはいえ、起業家の活動の目的がブログの更新になってしまってはいけません。

活動を始めた頃は、この罠にはまってしまいがちです。

あくまでもブログはあなたの活動の一つであることをしっかりと心にとめておきましょう。

「書けない」を「書ける」に変えるコツ

「ブログは、週に二回、三回の更新でもいい」と言っても書けないときもあるでしょう。

一人で何役もこなし仕事以外にもしなければならないじぶんサイズ起業家なのですから、さまざまな用事が重なったり、あなたや家族が体調不良になったりするとブログを更新する気力もないかもしれせん。

そのような時は無理をせずにブログから離れ、今優先しなければならないことに集中して下さい。気力がないときに無理に更新してもあなたにとっても読者さんにとっても有意義なことではありません。

でも、ブログから離れていたとしても「ネタ」を集めることだけは忘れないようにしましょう。

「今は更新できないけれど時間ができたら、体調が良くなったらこんなことを伝えたいな」「お客様にお知らせしたいな」といつもネタを集める、アンテナを立てている習慣です。

じぶんサイズ起業家は、あなたの好きなことややりたいことを仕事や商いにしているのでこのアンテナを立てている習慣は、無意識に、自然に出来ているかもしれません。

アンテナをいつも立てていると様々なところから情報が集まって来るのです。

車内で偶然に目にした広告や街のショーウィンドウ、銀行の順番待ちをしていたときに手に取った雑誌やリビングで付けっぱなしにしていたテレビからとあらゆる情報がアンテナにひっかかって来るのです。

キッチンで料理をつくっているときや洗濯物を干しているとき、アイロンをかけているときなど、場所や時を選ばず、あなたにとって必要な情報やヒントがアンテナに届くのです。

好きなことややりたいことを仕事や商いにしようと頑張っていると、どこかで応援してくれている応援団がいるようなちょっと不思議な感覚になる時もあります。

ブログから離れていたとしてもアンテナに引っかかったことはその場でメモをとっておくことを忘れないようにしましょう。あなただけ分かればいいのですからキーワードや走り書きしても、メモ帳アプリに書き溜めておいてもいいのです。

次に、時間はあるけれど書く内容がなくて悩んでしまう場合はどうしたらいいのでしょうか。

このようなときは先にお伝えしたように、書く内容を事前にルーティーンで決めておくことをお勧めします。

あなたの活動や商品、サービスについての思いや世界観、お客様の感想、ホームページに連動するような情報とじぶんの手で仕事や商いを生み出しているあなた自身の人柄に触れるような日常の一コマなどを順番に記事にしていくのです。

それでも書くことがないと悩んでしまった場合は、あなたの日々の活動や日常の暮らしが止まっているのかもしれません。

ブログを書くことはアウトプットです。

あなたの仕事や商いの活動や日常生活からインプットした情報や知識、感情や感動をお客様と分かち合いたいと思った結果、アウトプットにつながってくるのです。

最近、講演会やセミナー、勉強会に参加されましたか。メンターから学んでいますか。

舞台や映画、コンサートに行ったり読書をしたりインプットをしていますか。

お客様とリアルにお会いして交流はされましたか。

起業家の仲間との交流はしていますか。

インプットが足りなければ乾いたタオルを無理やり絞るようなものでブログが書けなくなってしまうことは当たり前のことなのです。

インプットが多い周期のときには、「お伝えしたいことはたくさんあるのですが、更新が間に合いません！」と叫んでいる方もいるほどです。

どうしても書けない時は、書けない自分を責めるのではなくインプットしているかどうか振り返ってみましょう。

あなたのお客様はそこにいますか

さて、インターネットを利用したホームページやソーシャルメディアについて話してきましたが、一番忘れてはいけないことをお話ししたいと思います。

リアル店舗をまだ持っていないじぶんサイズ起業家にとってインターネットを利用した通販サイトや

ホームページ、ブログやフェイスブック、インスタグラムなどソーシャルメディアは重要なツールに変わりはありません。

しかし、重要なツールではあるけれどこれらを使うときに忘れてはいけないことは、「そこにあなたのお客様がいるかどうか」ということなのです。

例えば、私の主なお客様は三十代中頃から五十代の女性が90％以上を占めています。ツイッターが始まった頃は私も使用していましたが、お客様の声をうかがうとツイッターをしている方はほとんどいらっしゃらなかったので私は止めてしまいました。その代わり、ご紹介からの流れが多かったので相手の方にご紹介しやすいようにチラシや名刺を作成し、最新情報や活動内容が分かり易いホームページの更新を心がけました。

もし、あなたの商品やサービスが年配の方々への提供だった場合、ソーシャルメディアの利用に躍起になるよりも、おばあちゃんの原宿と言われている巣鴨でチラシを撒いた方がお客様との出会いがあるかもしれません。

もし、あなたがオーガニックスイーツを提供されているならば、環境やナチュラル、オーガニックに興味関心がある人々や団体とつながるイベントに出店すると確実に未来のお客様との出会いがあるでしょう。

交流会に参加する、チラシを配る、ソーシャルメディアを使うにしてもいつもそこにお客様が、未来のお客様がいるかどうか意識して行動するようにしましょう。

流行っているから、みんながやっているからとやみくもに時の運に任せて行動しているエネルギーや時間はありません。必ずそこにあなたのお客様や未来のお客様がいるかどうか考えてから行動しましょう。

あらゆる機会やツールを使って未来のお客様との出会いを求めるのは、じぶんサイズを広げるときでも遅くはないのです。

お客様との「絆」が深まる四つのステップ

さて、せっかく出会ったお客様、未来のお客様ともその場限りのつながりでは寂しいと思いませんか。お客様はあなたやあなたの商品やサービスに興味関心を持って下さった方です。「その場限り」と捉えてしまうならば、きっと数年後もあなたの仕事や商いは、始めたばかりと同じステージで迷っていることでしょう。

それは大変なエネルギーを消耗し続けることで、じぶんサイズ起業家の皆さんにはそのような仕事や商いの在り方であってほしくはありません。

現在のお客様、未来のお客様との一期一会で絆を深め、あなたが起業家として幸せになるとともにお客様も幸せになっていくことがこの仕事を続けていく喜びであり使命でもあるのです。

では、お客様との絆を深めていく四つのステップについてお伝えしましょう。

一つめのステップは、再三お伝えしてきましたようにデジタルツールを使ってのコミュニケーションです。

ブログやフェイスブック、メルマガやニュースレターの配信などを使ってお客様に情報や近況報告を発信しながら、お客様からのコメントもいただけるように双方向の状態にしておくとよりコミュニケーションが深まります。

しかし、お客様との人間関係を築く、絆を深めるという視点から考えると恋愛関係と同じことが言えると思います。まだ何の関係性も育っていない方へ一方的に愛の告白をし続けていても、うっとうしいと思われるだけではないでしょうか。

一日何回もフェイスブックに投稿されていたヒロコさんに理由をうかがったら、「コンサルタントの方から一日何回もフェイスブックに投稿するように」とアドバイスを受けて頑張ってきたがさすがに疲れたとため息をつかれていました。

まずはブログを始めることをお勧めしていますが、デジタルツールはお客様との絆を深めていく一つのステップに過ぎないことを覚えておきましょう。

二つめのステップは、アナログツールです。

昔ながらの手書きのお礼状や季節のお便りや贈り物は、いつの時代も暖かみを感じうれしいものです。機械的に送られるダイレクトメールではなく、あなたの人柄や日々の暮らしを知ることができるお便りは、デジタルツールが身近にない中高年以上のお客様との友好的なコミュニケーションツールの一つです。

しかし、これらはデジタルと違い手間や費用がかかりますし、まだあなたと関係が出来ていないお客様の連絡先、住所を集めることは個人情報の問題からも慎重さが必要です。

また、商品やサービスの紹介ばかりのチラシのようなお便りならば、そのままゴミ箱に直行しかねないので気をつけましょう。起業家の立場から見れば商品やサービスの紹介をしたいのは当然ですが、あくまでもお客様との人間関係を築く、絆を深めるための行動であることを意識すれば大丈夫です。

三つめのステップは、声をかけることとです。

お客様に直接声をかけることができる環境や機会を積極的に作ります。

毎日のようにソーシャルメディアを使って発信しているよりも、あなたの生の声を直接お客様に届けると距離がググッと近づくのです。

こんな体験はありませんか。

お得な情報やクーポン券で初めて利用した美容室やレストランで、お店の方とちょっとした会話により緊張感がとけて親しみを感じたこと。

友人に誘われておつきあいで行ったライブだけど、アーティストのＭＣに共感して一夜でファンになってしまったこと。

簡単レシピやひと言アドバイスをくれる魚屋さんは、スーパーより割高だけどついついリピーターになっていつの間にか世間話をするようになったこと。

このように人と人のふれあいは人間関係の距離を縮めてくれるのです。

実店舗がある方は毎日のようにお客様に直接声をかける機会がありうらやましく思ってしまうところではありますが、じぶんサイズ起業家も創意工夫をして直接「声をかける」場所や機会を作りましょう。


四つめのステップはお客様と会うことです。


実店舗のないじぶんサイズ起業家の場合は、日々の活動の中でお客様と出会う機会がなかなかないかもしれません。だからこそ、お客様と直接ふれあう機会を大切にしましょう。

例えば、あなたと交流できて商品やサービスに直接触れたり体験できたりするイベントに出店するのはいかがでしょうか。出店することで初めてのお客様との出会いはもちろんのこと「あなたに会いに来たんですよ」と声をかけ、時には手土産持参で会いに来てくれるリピーターも現れて来るのです。この瞬間、好きなことややりたいことを仕事や商いとして、じぶんサイズ起業を始めて良かったと実感されるでしょう。

そして、あなたが教えたいことや伝えたいこと、広めたいことをお話しするお茶会や交流会を開催するのもお勧めです。ただし、この会ではお客様に声をかける、交流する、あなたの人柄を知ってもらうことが目的であり、商品やサービスの販売はさりげなくしたいものです。様々な考え方があると思いますがこのような会では、私は商品やサービスの販売をしなくても良いと思っています。

中にはブログは時々しかアップしないけれど、実際にお客様と会う、お客様がいる場所に行くことが得意な方はあっという間にお客様との絆を深め、ファンを作ってしまいます。

ファンができると口コミが起きます。

口コミは最強の営業マンですから、企業のように広告宣伝のために多額の費用をかけることができないじぶんサイズ起業家にとってはとても大事にしたいことです。

簡単にお客様との絆が深まる四つのステップについてお話ししてきました。私の心のメンターが「商売は人の営みである」と言っていますが、行動するときには必ずそこに「人」がいることを忘れないようにしましょう。

どんなにデジタル化が進んできても私たちの商品やサービスを買って下さる方々は、人なのです。

そして、お客様との絆を深めるということはあなたのファンや応援団を作っていくことにつながるのです。じぶんサイズ起業を始めたばかりの方、まだ始めるかどうか迷っている段階の方にとってはしっくりこないかもしれませんが、あなたのファンや応援団が現れるようになると好きなことややりたいことが仕事や商いにつながり、仕事や商いが面白くなってきます。

その頃にはあなたにとって仕事とは、イヤイヤ働く労働ではなく、ワクワク志事になりじぶんサイズ起業を始めてよかったと実感するでしょう。

私はひとりでも多くのじぶんサイズ起業家の方々にこの体験をしてほしいと願っています。

「発信」は、自分メディア

私たちのようなじぶんサイズ起業家が生まれ、活動できるようになったのはインターネットやパソコンの普及のおかげです。

スマホや様々なアプリは、今後はますます便利になりプチ起業の強い味方になってくるでしょう。

インターネットやソーシャルメディアが普及する前は、好きなことややりたいことで仕事や商いを始めるひとり起業、じぶんサイズ起業はこんなに手軽ではありませんでした。

テレビや新聞に広告を掲載するには多額の費用がかかり、広告を制作するにも企業に発注することが普通でした。しかし今ではブログやフェイスブック、メルマガや動画を使ってあなたの商品やサービスを無料で伝えることができます。

ホームページ制作も数年前は専門家に依頼しなければならず、ハードルが高いものでしたが、今ではテンプレートを使って無料で始めることができるのです。

これらのデジタルツールを使うにしても、お客様と直接交流するイベントを主催するにしても、お客様や未来のお客様と絆を深めていくためにはあなた自身を発信しなければなりません。あなたの商品やサービスを、あなたの世界観を発信する「自分メディア」の始まりです。あなた自身を発信するハードウェアはどんどん新しいものが開発され、便利になってきたとしてもソフトウェアはあなた自身で生み出さなければならないのです。

自分メディアだからと言ってテレビショッピングのようにいつも商品やサービスについて発信しているだけでは、前にお話ししたようなファン、応援団が生まれるステップまで進むことはできません。

今は不思議に思うかもしれませんがあなたのファンや応援団が育ったならば、たとえ商品やサービスを変えたとしてもお客様はあなたから買って下さったり、その方に今は必要のない商品やサービスだった場合でもお知り合いを紹介して下さったりと、いつもあなたの仕事や商いを心がけて下さるようになるのです。

そこには人と人とのつながりがあり、消費がモノの時代から心の時代へと移り変わった今の日本では忘れてはいけない起業家の心得の一つです。

しかし、そこに至るためには始めたばかりのじぶんサイズ起業家にとって、取り扱いが難しいことがあるのです。

それは「自己開示」です。

じぶんサイズ起業家にとっての自己開示とは、じぶんの商品やサービスについての思いや世界観、仕事や商いに対する在り方はもちろんのこと、プライベートについても言葉や画像、映像や音声などを使って伝えていくこととなります。

あなたはどこまで自分をさらけ出すことができますか。

すぐにでも話したい、伝えたいうれしいことや良いことばかりではなく、失敗したことや恥ずかしいこと、かっこ悪いこともバランスを考えながら発信していくことが大切なのです。どこまで自分の気持ちや感情を伝えることができるかは個人差が現れます。

自己開示は、起業家自身の気持ちの差でもありますが、扱っている商品やサービス、商いの世界観によっても違いがありますので一概にここまで自己開示しましょうとは言えません。

例えば、タレントさんを研究するとわかりやすいと思いますが、聞かれなくても失敗したことやかっこ悪いこともどんどんネタとしてキャラクターにしてしまう人もいる一方で、私生活は一切公表しない人もいますよね。

じぶんサイズ起業家の中でも「そこまで開示しなくてもいいのに！」と思うほどプライベートなことを発信している方がいる一方で、仕事関係だけのことを発信している人もいます。

どこまで開示するか、そのさじ加減はあなたが判断して良いのです。

でも、ちょっと判断できないと思ったならば好きな人ができたばかりの「片思い」をイメージして下さい。

「片思い」をイメージすると自己開示のちょうど良い加減がわかります。

片思いから告白して交際が始まるまでの気持ちをバロメーターにして、未来のお客様に向けて発信して行きましょう。

恋愛に押しの一手で攻めていくやり方もあるように起業家の方の中にも同じような行動をしている人も時々見かけますが、あなたはどのように思いますか。

押されたお客様は「仕方がないなぁ」という気持ちや義理で一度購入してくれたとしても次につながる、リピーターとなってくれるのでしょうか。

交際が始まったからといって、いつも自分のことばかり話していたらうっとうしいと感じると思いませんか。自慢話やうまくいったことばかりではなく、悩み苦しんだことや失敗した話を聞くとどこかホッとして人間味を感じると思いませんか。自己開示することで人間らしさや人柄が伝わり親近感や共感を持ってくれるのです。

すべて人と人との交流、人間関係です。

いつかはお客様と相思相愛になる時が来るかもしれませんが、だからといって馴れ合い、そこにあぐらをかいてしまったらあっという間にその関係は崩れてしまうことでしょう。

じぶんサイズ起業家にとって自己開示は、お客様や未来のお客様との重要なコミュニケーションです。

第7章　気になる、選んでもらえる自分らしい肩書きを作ろう

会社の肩書きと起業家の肩書きは違う

起業になかなか自信が持てない方でも自分の「名刺」が出来上がると、うれしくも照れくさい気持ちと同時に「やってみよう！」という覚悟が湧き、よりプロフェッショナルな気持ちに自然と切り替わっていきます。交流会やイベントで名刺交換したり、未来のお客様にお渡ししたり、実際に使い始めると起業を始めた実感が湧いてきます。

じぶんサイズ起業で使う名刺と一般的に会社が支給する名刺には違いがあり、ちょっとしたコツや工夫が必要になります。

一般的な名刺には、住所や電話番号などの連絡先、企業名や所属部署、担当という肩書きに名前が続く、差し障りのないシンプルで無難な名刺ばかりです。

これらの名刺を真似て、名刺を作ってはいけません。

五五×九一の標準名刺サイズではなく、二つ折りや四つ折り、蛇腹折りと凝ったデザインの名刺にしましょう、という話ではありません。

さまざまな意見がありますが、私個人としてはまずは標準サイズで両面印刷された名刺で十分だと思います。活動していく中で、名刺があなたの集客ツールで有力だと思ったときに、こだわりやセンス、予算で作り変えていけばいいのです。

大切なのは、「肩書き」です。

会社や団体で使う肩書きと、お客様ゼロから始めるじぶんサイズ起業家の肩書きとは違います。

あなたの肩書きを見たときや知ったときに、一瞬で相手の心を動かし、選んでもらえるような肩書きにしていきたいのです。

ネットで偶然あなたのホームページやブログを見たときに、あなたのプロフィールが目に入ったとしても、そこで未来のお客様がハッとなり、「もっと知りたい」「私と関係があるかも」と感じてもらえる肩書きにしたいのです。

肩書きは2ステップで作る

あなたが自己紹介や名刺交換をした時、相手の方が興味をいだくのはどちらでしょうか？

A 「はじめまして。セラピストの○○○○です」
B 「はじめまして。美脚アロマセラピストの○○○○です」

もう一つ、例をあげたいと思います。

A 「インテリアコーディネーターの○○○○です」
B 「ワンルーム専門インテリアコーディネーターの○○○○です」

Aのように、単に「セラピストです」「インテリアコーディネーターです」と伝えるよりも、「美脚アロマ」や「ワンルーム専門」とワンステップあった方が、より専門的で、具体的にイメージできると思いませんか。

前者は、「アロマの香りを楽しみながら、美しい脚になれるのかしら」と興味を持たれ、後者は、ワンルームという限られた空間が、少しでも快適な場所に変わることができるのかと期待されます。それぞれワンステップがあることで、専門性が一瞬で伝わるのです。

図1をご覧ください。

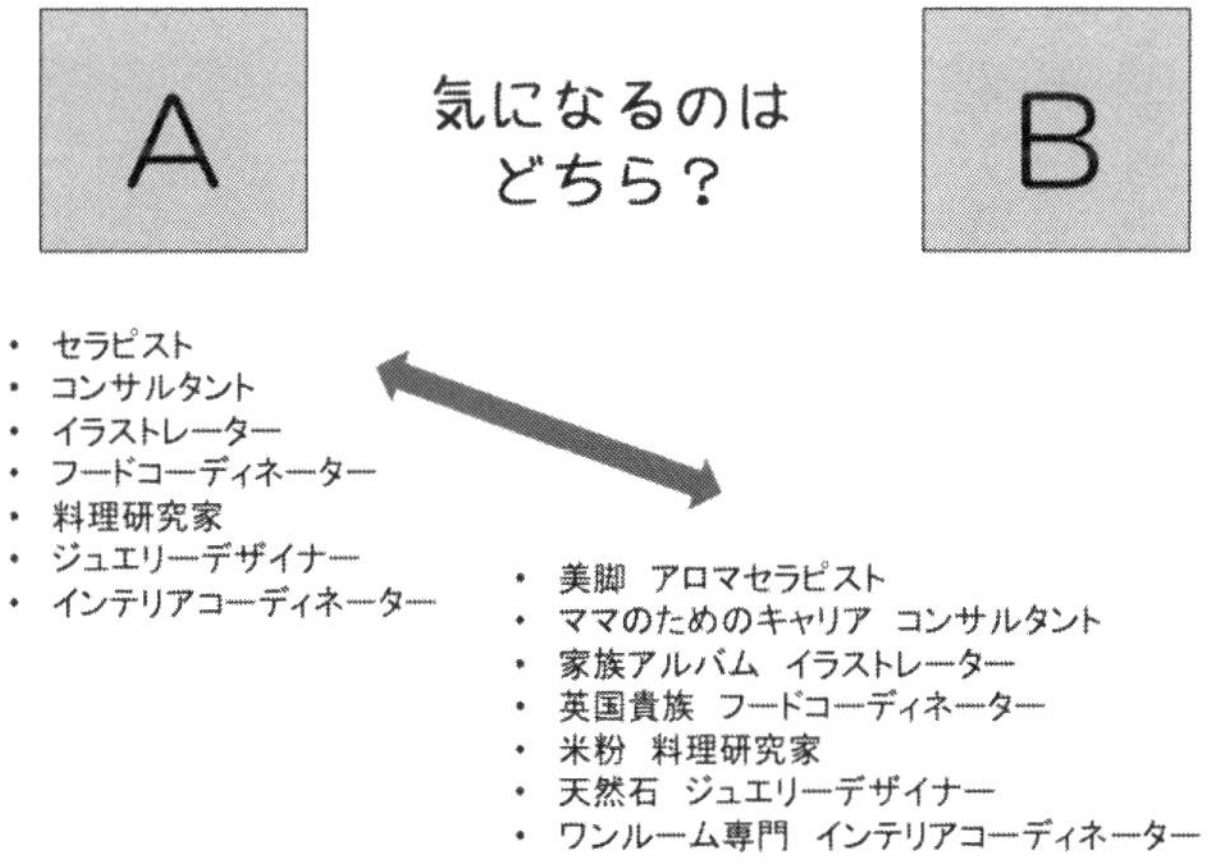

図1

AとBのどちらがあなたは気になりますか？

Aのように料理研究家やイラストレーターと漠然とした肩書きよりも、Bのように「米粉」料理研究家や「家族アルバム」イラストレーターなどワンステップある肩書きの方が、具体的で専門性があらわれると思いませんか。

この肩書きは、自己紹介や名刺に記載するだけではではなく、ホームページやブログでも使用します。あなたの未来のお客様が、ネットサーフィンをしているときに偶然あなたのサイトに立ち寄り、その肩書きを目にして、「おっ！」「えっ！」と思い、興味関心を持ってくれたら、他のサイトに移動せず、もう少しあなたの活動や商品やサービスについて詳しく知りたいと思ってくれる可能性があるのです。

しかし、もしかするとあなたはこんな心配をしているかもしれませんね。

「美脚だけではなく、からだ全体も美しくすることができるのに」

「ワンルームだけではなく、お店やオフィスのインテリアのコーディネートも対応できるのに」

と、専門性を肩書きに入れることをためらっているのではないでしょうか。

お気持ちは、とてもよくわかります。

専門性のワンステップを入れることでお客様が減ってしまうのではないか。お客様の興味関心の入口を限定するよりも広げておいたほうがいいのではないか。

専門性を絞れば、絞るほど不安な気落ちになることは、多くのじぶんサイズ起業を始めようとする方々が体験しています。

でも、大丈夫です。なぜなら、じぶんサイズ起業は、一度に大勢のお客様を相手に仕事はできないからです。

活動をスタートすると実感されると思いますが、一人何役もこなさなければならない、仕事以外にもしなければならないことを多く抱えるあなたは、あれこれ幅広くお客様の興味関心の入口、ニーズに応えようとしても物理的にも時間的に対処できないのです。

あなたがワクワクして得意とする仕事に、専門性に惹かれるお客様を相手に商品やサービスを提供していく日々は、きっと働くことが楽しいはずです。

不安な気持ちは、ちょっと横に置いといて、

ステップ1　「あなたは、何の？」

ステップ2　「あなたは、何をする人？」

専門性を伝える2ステップの肩書きを作りましょう。

〔ステップ1　自分らしい専門性をアピールする〕

では、ステップ1です。

あなたの専門性とは何ですか。

あなたは何のスペシャリストなのでしょうか。何のスペシャリストになろうとしているのでしょうか。職人気質でご自身の技術に自信のある方、提供する商品やサービスへの愛着や思い入れが強い方、マルチな才能がある方ほどこの棚卸し作業がむずかしいところです。


例えば、キャリアコンサルタントでじぶんサイズ起業を始める三十八歳のカナさんは、産業カウンセラーの資格があります。働く人々のメンタルヘルスからキャリアのコンサルティングには男女の性別や年齢などで限定する必要はありません。

当初、すべての働く方々の役に立ちたいと情熱を持って準備を進めていましたが、「誰にでも対応したい、役に立ちたい、という思いは、情熱とはうらはらにカナさんの活動をぼんやりぼやけたものにしていきました。

四十三歳のコズエさんは、パートナーの体質改善とお子さんのアレルギー対策から徐々に食事と健康について考えるようになりました。元々料理が好きだったので家庭料理に取り入れながら、医療従事者や料理研究家の元に通い、さらに勉強を続けていきました。

そのうち周りに豆知識として伝えてきたアドバイスが好評だったり、自分の記録のために始めたブログに読者さんがつくようになったりしていくうちに、じぶんサイズ起業を思い立ったのです。

さて、全国に料理研究家を名乗る方々は今では大勢いらっしゃいます。

本屋さんの料理本コーナーには、レシピ本から素材や食材に関する本、美容やダイエット、健康に関する料理や食の新刊本がところ狭しと並んでいます。

これから活動を始めるコズエさんは、料理研究家としては後発隊なのです。まずはその事実をしっかりご自身で受け止めていただかなければなりません。

そして、じぶんサイズ起業家は何度もお伝えしていますが、世界中のお客様を相手にできるほど時間も資本もないのです。

そこでカナさんもコズエさんもご自身の専門性に気づくために棚卸しをすることが大事になってくるのです。


「そんな実績はないし、専門性なんてまだわからないわ」とおっしゃる方は、次の問いに答えて下さい。

「あなたはどのようなお客様に囲まれるとうれしいですか」

その答えにあなたの専門性が見えてくるのです。

例えば、同じアクセサリーデザイナーでも天然石を扱うことが好きなのか、ワイヤーや毛糸、フェルトを使ったものを扱うのが好きなのかで違いが見えてきます。

天然石作家、ワイヤー作家、フェルト作家のように扱う「素材」から一つの専門性を見つけることができるのです。

また、「お客様の気持ち」からも専門性を探すことができます。

あなたのアクセサリーを身につけることでお客様がどのような気持ちになってくれることがうれしいですか。どのような気分になっていただきたいですか。どのような未来を届けたいと思いますか。

例えば、女子力をアップさせる天然石アクセサリーなのか、才能を引き出すワイヤーアクセサリーなのか、それとも家族に幸せを届けるフェルトアクセサリーなのでしょうか。

これはアクセサリーを身につけた「お客様」の気持ちから一つの専門性を見つけたものです。あまりセンスが良い例えとはいえませんが（笑）、ぜひあなたならではの素敵な専門性を見つけて下さい。


カウンセラーでは、どのような「お客様の問題解決」ができるとうれしいのでしょうか。どのようなお客様の役に立ちたいという思いから起業しようと思ったのでしょうか。

既に会社でキャリアを積んできたが家族との時間が持てない、自分の時間がない中高年の男性のメンタルヘルスやキャリアの悩みを解決したい「企業戦士のためのキャリアカウンセリング」と、社会に出たばかりで職場環境に慣れず、人間関係もうまくいかないと悩んでいる二十代前半の女性たちに寄り添うことにやりがいを感じる「社会人一年のためのカウンセリング」とでは肩書きに表す専門性が違うため、そこに集うお客様の層が全く違ってくるのです。

その他にも性別や年齢層、地域など色々とあなたの専門性を見つけることができるのです。

じぶんサイズ起業家は、プチ起業でひとり起業から始めます。

ですから、お客様のあらゆる要望に応え、仕事や商いを広げていくと収拾がつかなくなります。また、専門性なく好奇心のままに何でも屋を始めてしまうと、色々やっているけれどエネルギーが分散してしまい経験が蓄積されていきません。

その結果、いつも新しいことをしなければならないので時間やお金がかかり、利益が少ないものの繰り返しとなってしまいます。

そして、いくら需要があるから、ありそうだからとあなたの思いや世界観とかけ離れた専門性では、何かと理由をつけて無意識に起業のエンジンを止めてしまうのです。

一人で何役もこなさなければならないあなたが、起業へのエンジンを止めることは簡単です。

将来、じぶんサイズを広げよう、変えようと判断したときにお客様のニーズや需要、将来性を考えても遅くはないのです。

起業家の思いや世界観よりも、データや未来を最優先するマーケティング専門家のアドバイスに従ったばかりに、起業へのエンジンが止まってしまった方々に今まで何人も出会いました。マーケティング論では正しいのかもしれませんが、それは好きな人をあきらめて将来のことをあれこれ考えて結婚をするようなものなのです。

料理研究家としてじぶんサイズ起業を思い立ったコズエさんが、これからは高齢化社会だからと高齢者向けの専門性で始めたとしても、どこかしっくり来なくてモヤモヤした気持ちがつきまとってしまうでしょう。なぜなら、コズエさんが情熱を持って活動できるお客様は、高齢者の方々ではなくアレルギーを持ったお子さんとその食事を作る親や大人たちなのです。

では専門性が見つかったら次のステップに進みましょう。

【ステップ2　あなたは何をする人？】

専門性の候補がいくつか見つかったら次のステップは、あなたは何をする人なのか活動を表現する言葉、活動表記を探します。

ステップ2は、専門性を探すよりも簡単です。

例えばどんなものがあるのでしょうか。

インストラクター・コーディネーター・プランナー・コンサルタント・セラピスト・アドバイザー・

カウンセラー・デザイナー・スタイリスト・プロデューサー・研究家・○○家・○○師・○○士（士業）などあなたが何をする人なのかを表現する言葉を見つけるだけです。また、いくつかの候補に絞れたら組み合わせてみましょう。

Ａ　オーガニックフード・コーディネーター
Ｂ　オーガニック料理研究家

Ａ　クレヨン画家
Ｂ　クレヨンクリエイター

では、Ａ、Ｂそれぞれ活動が微妙に違うように思いませんか。わずかな違いに思うかもしれませんが、この作業を進めていくと「これは違う」「イメージに合わない」「この方がしっくりくる」と徐々に自分の活動にピッタリな、もしくは近い活動表記を探し出すことができます。

しかし、その作業をしていく上で次の点だけは気をつけましょう。

それは、あなたの活動表記を見たり聞いたりしただけですぐにあなたが何をする人なのか連想できるような言葉をつける、ということです。

なぜなら、イメージしづらかったりわかりにくかったりする行動表記やオリジナルの活動表記をつけた場合、なかなか覚えてもらえず認知されるまで時間がかかるからです。

また、このような行動表記を使うと名刺を渡すたびに説明する手間がかかります。時間があるときには気にならないかもしれませんが、相手が記憶しづらいものは避けたいものです。オリジナルやこだわりの活動表記をつけてしまうと検索でも不利になり、メリットよりもデメリットが多いでしょう。

専門性にオリジナルやこだわり、個性を表現したとしても活動表記はできるだけ世の中にすでに知られているような言葉をつけましょう。

どんなイメージを連想するか聞いてみよう

それでは、いくつかできた肩書き候補を紙に書いてみましょう。

同じ肩書きでも漢字やカタカナ、ひらがなを組み合わせてみてください。

漢字はしっかりとした堅実なイメージが、ひらがなはやわらかく、女性らしい雰囲気を感じませんか？

でも、ひらがなが多いと、プロフェッショナルには今一歩のように見えてしまいます。一方、カタカナは、スタイリッシュでかっこいいのですが、すべてカタカナにしてしまうと一瞬で理解することは、むずかしくなってしまうでしょう。

次に、実際に肩書きを声に出して発音してみましょう。

音声で聞いた感じはいかがですか？　お客様が聞き取りやすく、記憶に残りそうな言葉でしょうか？

専門用語でよくわからない、馴染みのない言葉がつまった肩書きは、かっこよく見えたとしてもお客様ゼロから始める、じぶんサイズ起業家にはお勧めしません。


さて、視覚と聴覚を使ってあなたが確認できたら、次は周りの人たちに感想を聞いてみましょう。

できれば、未来のお客様と同じ性別や年代の方々に尋ねるチャンスがあるといいですね。

文字と音、両面からわかりやすかったどうか。さらにその肩書きからどのようなイメージを連想するか質問してみましょう。

その答えが、あなたが意図するイメージに近ければ合格です。

逆に「よくわからない」「何をするの？」など説明しなければ理解してもらえないような肩書きやあなたの仕事や商いのイメージとかけ離れた感想になってしまったら、もう一度、練り直してみましょう。

この肩書き作りは、起業講座でも宿題にしながら、何回か練り直すところです。

車内でも、病院の待合室でも、お風呂に入りながらでも時間や場所を選びません。

焦らずあなたらしい肩書きを作りましょう。

そして、起業当初の肩書きもあなたの成長や変化と共にシックリこなくなったり、何となく違和感を感じ始めたら、ホームページの修正や名刺を作り直す手間暇はかかりますが、いつでも変更は可能です。

私もこの十年間、セラピストからはじまって、カウンセラーやコンサルタントなど使ってきました。最近は、「道案内」を連想するナビゲーターという言葉を使っていますが、今後も変化していくかもしれません。

実は起業する前の私は、まだ正社員で働くことが良いことで、義務でもあるような価値観にとらわれていました。正社員として働こうとハローワークへ通い、職業訓練を受けている時期に偶然、地元の図書館で、登山家で、アルピニストの野口健さんの著者、『一〇〇万回のコンチクショー』（集英社文庫、二〇〇四年）に出会いました。

一気に読み終えると、「面白い生き方の人だなぁ〜」と、その生き様にすっかり魅了されてしまいました。

それ以来、野口健さんの活動を通して今でも元気や勇気をもらっています。

その肩書きについて、野口健さんの興味深いエピソードがあるのでご紹介したいと思います。あなたがジョギング経営を続けていく中で、参考になるとうれしいです。

「どうせ生きるなら、野口健という名前が肩書きになるような生き方をしろ」

この言葉は、落ちこぼれで高校へも仮進級直後、先輩を殴るという事件で自宅謹慎中の健さんに向けたお父様の言葉です。

「俺も東大から外務省に行って今は特命大使になった。東大─外務省─大使。一般的に言うとおそらくエリートだろう。でも俺はしょせん公務員だ。あと十年もしたら退官だ。大使という肩書きはあくまでも外務省の中のポストでしかないんだ。俺の肩書きじゃない。だから退官したら、俺には何も残らない。（中略）どうせ生きるのなら、野口健という名前が肩書きになるような生き方をしろ。人生楽しいぞ」（野口健『確かに生きる』集英社文庫、二〇〇九年）。

名前が、肩書きになる生き方は、あなたの仕事や商いの流儀にヒントを与えてくれるのではないでしょうか。

その一方で、こんなイタイおじさまたちにもお会いしたことがあります。

すでに定年退職されているにも関わらず、個人用に名刺を作成し、そこに勤務していた企業名と退職直前の肩書きがしっかり書かれた名刺を趣味の会や団体旅行で出会った方々に渡しているのです。

企業名の前には「元」という文字がありましたので間違いではないのですが、ちょっと寂しい感じがしました。

それよりもいつか肩書きにこだわらず、「個」として存在し、活動することを目指したいと思いませんか？

本名で活動したくない場合

じぶんサイズ起業家の方々が、本名で活動したくない理由をお聞きすると大きく二つに分けられます。

一つ目は、活動したい名前がある場合です。

ニックネームのような名前で活動されるアーティストやハンドメイド作家。本名で活動されるよりも業界の雰囲気に合った名前を作られる占い師やヒーラー。また、会社勤めのように旧姓を使いたいと言われる方もいます。

本名が読みづらい場合は、姓名とも漢字を使用せずに選挙ポスターのように苗字を漢字で名前をひらがな、苗字をひらがなで名前を漢字というような使い方をする方もいます。

中には本格的な起業を想定して姓名判断で仕事運が良い名前をつけてもらったという方もいました。姓名判断に頼ることは賛否両論あるとは思いますが、仕事運の良い名前をつけて活動を始めることもアイデアの一つです。

二つ目は、家族への影響を考えて本名を使いたくない場合です。

ほとんどのじぶんサイズ起業家は、何らかのカタチで自分メディア、自分発信を行います。そのためフェイスブックやブログなどのＳＮＳで本名を名乗ることやホームページに本名を掲載することを様々な事情により避けたい方々です。

いずれにしても正式な書類や契約、税金の申告には本名を使うのですから総合的なことから考えて決めましょう。

本名で活動を始めても、途中でニックネームに戻ることも可能です。

プロフィールに挑戦してみよう

じぶんサイズ起業を始めるにあたってプロフィール作りは一つの山場です。

なぜなら、リアル店舗を持たずに独自のホームページや通販サイト、ソーシャルメディア、チラシや名刺を使って活動していく場合、その商品やサービスを提供しているのは「誰なのか」を知らせる手段がプロフィールであり、活動の鍵となるからです。

プロフィール作りは奥が深くいくつもの専門書も販売され、専門家もいるほどです。

また、ゼロから作っていく場合には、二日間のワークショップが開催できるほどあらゆる角度から「見える化」、「言語化」していく作業が続きます。

あなたの生い立ちから将来の夢やビジョン、仕事や商いの在り方、商品やサービスの思いや実績を見える化、言語化して、ホームページやブログならば千字前後、名刺ならば二百字から四百字ほどに削っていく作業を行います。

ここではその作業の中でも初めてプロフィールを作る方が悩んだり迷ったりした、三つのことを選んでお伝えします。

1 実績がないならビジョンを語る

じぶんサイズ起業家の多くは仕事や商いの実績がありません。

ゼロからプチ起業を始め、これから仕事や商いを育てていこうとしているのですからかっこよく誇れる実績など無いのが当たり前なのです。

しかし、プロフィール作りをするときに既に実績のある著名人や有名人のプロフィールを参考にしてしまうと自分の実績の無さにがっかりして落ち込んでしまうのです。

でも、本当に実績がないのでしょうか。

好きなことややりたいことを趣味ではなく、仕事や商いにしたいと決めたのですから、そこに学んできたことや技術を磨いてきた時間や経験があるのではないでしょうか。

例えば、まだお金をいただいたことや販売したことがなくても、「地産地消にこだわった手作りクッキーは大好評で累計数百枚！」というような経験をされているのではないでしょうか。

「OL時代、職場の昼休みにこっそり行なっていたアロマハンドマッサージはいつも行列。新規予約ができないほどに」とか、「さらに研鑽するために渡英」などプロとしての実績は無いかもしれませんが、あなたの中にきっと語れる実績が眠っているはずです。

ただそれに気づいていないだけなのです。

それでも実績がないと思うならば、あなたのビジョンを語りましょう。

これから始める仕事や商いへの思いやビジョンです。

お客様に、社会に届けたい志やミッション、ビジョンをプロフィールに入れましょう。

２ 挫折や苦労、失敗談を盛り込む

さて、実績や熱き思い、ビジョンだけではあなたのプロフィールを目にした人たちから共感を呼ぶことはできません。

そこにあなたが挫折したことや苦労したこと、失敗談を入れることでより立体的にあなたらしさ、人間味を伝えることができるようになります。

今まで生きてきて挫折や苦労、失敗がない人はいないでしょう。

逆にそれらのことがバネとなって成功される方がとても多いのです。

プロフィールに自分が挫折したことを語るのは抵抗があるかもしれませんが、実績とビジョンとの対比により深みが出て来ますので、恥ずかしがらずにプロフィールに盛り込んで下さい。

しかし、挫折や苦労、失敗談ばかり目立ってしまうと陰鬱な印象となり、プロとしての信頼感が薄れてしまいますので、エピソードは一つか二つに留めておきましょう。

3 プライベートを語り、親近感を持ってもらう

あなたの好きなことや趣味、夢中になっていることは何ですか。どのような暮らしを送っているのでしょうか。

じぶんサイズ起業家は、仕事の顔とは別にプライベートな顔も見せることが大切です。

例えば、「一男一女と愛犬のママ」「育てたハーブティーを飲みながら、クラシックを聴く時間が至福」「夢は日本の百名山を登山」「趣味は映画鑑賞。レディースデーは定休日」など、好きなことや物、場所、趣味や家族のことをひと言付け加えることでさらにあなたを身近に感じることができます。

そして、実際に会ったときにそのプライベートのひと言が話題となり、話のきっかけや話題作りにもつながるのです。

このように自分らしい肩書きと「実績がないならビジョンを語る」「挫折や苦労、失敗談を盛り込む」「プライベートを語り、親近感を持ってもらう」の三つのポイントで初めてのプロフィール作りに挑戦して下さい。

肩書きやプロフィールは出世魚。変化とともにいつも更新

肩書きやプロフィールの作り方についてお伝えしてきましたが、「むずかしい」「私にはできない、どうしよう」と途方に暮れてしまった方もいるかもしれませんね。

作ろうと思い立ったその日から数日が過ぎ、一週間、二週間、あっという間にひと月立ってしまったという方はあなただけではありません。

もし、そのように何日経っても手につかなかったり完成しなかったりした場合、たった一つだけ忘れていることがあります。

それは、修正と更新です。

一度完成した肩書きやプロフィールをあなたの成長や変化とともに修正や更新をしていく出世魚であるということを忘れているのです。

成長とともに呼び名が変わり、成魚になって本来の名や特別な名で呼ばれる魚のようにじぶんサイズや仕事や商いの在り方が変われば、修正や更新を行うことが大切なことなのです。修正や更新を重ねることを怠ると、いつの間にか最新の活動内容と食い違い、印象もぼやけたものになっているかもしれません。

また、せっかく活動を重ねているのですからぜひ実績も加筆していきましょう。

仕事や商いは生き物です。

実際に活動してみないとわからないことはたくさんあります。

消えていく商品やサービスがある一方で新たに生まれるものもあるでしょう。

偶然の出会いやチャンス、タイミングに導かれ、数年後には今とは全く違った肩書きで活動している方もいるでしょう。

このことからも肩書きやプロフィールは、完璧に出来てから使う、掲載するではなく、いつでも修正や更新を重ねていくものなのです。

そのことがわかるとハードルが低くなり、「まずは作ってみよう」と行動を起せるのではないでしょうか。

私は、出世魚のようにあなたが成長し、活躍することを楽しみにしています。

もちろん、暮らしとのバランスを取りながら。

第8章　未来をつくるそれぞれの選択

だから私は起業する／しないを選びました

経済学部へ入学します

「来年から経済学部に入学します！」

三十八歳のヨウコさんは、起業するためにまずはとある通信制大学の経済学部への入学することを決意した、と意気揚々と話してくれました。

ヨウコさんは、短大卒業後地元の企業に就職して二十代後半にカナダとオーストラリアへワーキングホリデーを使って留学の夢を叶えました。

帰国後、英語力を活かした正規雇用での再就職先を探していましたが、なかなか採用までに至らず、英語を使う派遣社員としていくつもの職場で働き続けていたのです。

三年前、とある集まりで初めてヨウコさんにお会いしたときこんな話をしてくれました。

「職場の同僚はほとんどが年下です。このまま派遣社員として働き続けても将来が不安です」と結婚相手との出会いを求めながら、将来の仕事についてモヤモヤしていました。

ヨウコさんに限らず、短期留学やワーキングホリデーから戻り再就職先を探しても、英語力とは関係ない経験を生かせない仕事に就くか、派遣など非正規雇用で働いている女性たちに私も何度か出会いました。

まだまだ新卒一括採用が根強い日本では、途中採用の機会は少なく、採用側の立場から見ると通訳や翻訳レベルならともかく短期留学程度で身につけた英語力では、中途採用の決め手にはもうならないと聞きます。

もともと明るく社交性のあるヨウコさんは、家業を継いだ人や自営業、フリーランスの人との交流もあり、いつの間にか将来の目標が起業家へと変わって行ったのです。

このタイミングで私はヨウコさんと再開し、派遣で働きながら通信制大学の経済学部へ入学し勉強を始める話を聞いたのです。

派遣のフルタイムで仕事をしながら通信大学へ進もうと人生設計を立てたヨウコさんへ、私は心をオニにして次のように質問をしました。

「どのような商品やサービスで起業したいと思っているの」

「好きなことややりたいこと、ワクワクすることはある？」

ヨウコさんの希望する起業スタイルは今までお話してきたようなプチ起業ではなく、会社設立も視野に入れた本格的な起業なのです。しかし、どのような仕事で商品やサービスをお客様に提供したいのか漠然としたカタチさえも見えていませんでした。

さらに自分でも好きなことややりたいこと、ワクワクすることは何なのかわからないので、それを大学で学んでいるうちに見つけると言いました。


みなさんもご存じだと思いますが、フルタイムで働きながら通信過程で卒業まで進むのはとても大変です。強いモチベーションが何度も問われます。

もちろん学ぶことはどんなことでも無駄ではありませんし、年齢も関係ありません。

でも、ヨウコさんの夢は自分でビジネスをすることであり、そのために働きながら卒業まで六年から八年もかかるとも言われていることに時間を費やしてもいいのでしょうか。そもそも起業家として経営者としての道を人生設計に入れたいのか質問を続けました。


ヨウコさんによくよく話をうかがっていくうちになぜ大学へ進もうと思ったのか、心の中が見えてき

ました。それは、

○　家庭の事情で大学に進みたかったけど短大になってしまった

○　短大卒にずっとコンプレックスを感じている

○　学歴をつけたい

でした。ここには起業や経営についての動機はなく、通うならば将来に結び付くかもしれない経済学部を選んだということだったのです。

好きなことややりたいことを仕事や商いにしたいとき、学歴は必須ではありません。学歴だけではありません。あなたが身につけようとしている様々な資格は、あなたの起業を応援してくれるものなのでしょうか。

第2章でお伝えしたように現場で成功や失敗を繰り返しながら商いを成長させるよりも、学ぶことを優先してしまう資格難民的な人々もいるのです。

しかし、ヨウコさんのように学歴に対する感情が癒えていなければ、たとえじぶんサイズ起業を始めたとしても、上手くいかなかったときや結果が出なかったときは、その原因を自分の学歴が不十分だからだと決めつけてしまうでしょう。

ヨウコさんは通信制大学への進学を決め、今は起業しないを選択しました。

しかし、自分の仕事と将来について真剣に向き合ったからこそ出てきた結論と選択なのです。数年後、大学を卒業したときに再びヨウコさんに会える日を楽しみにしています。

起業を考えたら結婚が見えてきた

祖母と二匹の愛犬と暮らす四十二歳のミユキさんはペットたち、特に犬に特化したじぶんサイズ起業を始めたいと思いました。

その動機は、愛犬たちに癒された体験から愛犬たちにお返しがしたいと思ったことと、自分と同じように辛かったり、気持ちが落ち込んだりしたときにドッグセラピーによって人々をサポートしたいと思ったからでした。

ミユキさんは今から五年前、なかなかお子さんが授からないことから夫婦の間がギクシャクしてしまい、結局離婚につながってしまったと振り返ります。そんなとき、ミユキさんは、同じ県内に暮らしていた祖父母を見守りも兼ねてときどき訪れ、そこで飼われていた愛犬といつの間にか自分の胸の内をひとり言のように話しかけるうちに、離婚のことや自分の未来について落ち着いて考えられるようになっていったそうです。

お会いしたときにはドッグセラピーの認定資格も取得し、すでにお客様に提供する商品やサービスのイメージも出来上がっていました。

もともとお料理が得意だったので愛犬の健康のための手作りドッグフード教室と、ドッグセラピーのノウハウを活かしたカウンセリングです。

私の近所でも愛犬と一緒に食事ができるレストランは人気がありますし、少子高齢化と並行してペットブームが続いている昨今の流れにあったじぶんサイズ起業ではないかと思います。ミユキさんの心情からも起業の動機はよく理解できましたので、一緒にじぶんサイズ起業の準備をスタートしました。

しかし、準備の一つとして仕事とプライベートとのバランスや理想の仕事と暮らしの在り方についてうかがっていくと、彼女の心の中に「離婚をするような人間は、人として女性としてもダメなのではないか」と自分を否定し責めている感情が見え隠れしていました。頭の中ではそんなことはなく離婚する人は大勢いるし、子どもが授からなかったのは誰のせいでもないこともわかっているのですが、心の深いところではさまざまな想いがあるのです。

じぶんサイズ起業では、自分にとって幸せな暮らしや生き方とは何かと問いながら仕事や商いのサイズや在り方を見つけながら作っていくので、どうしても起業家の心の中に触れることが必要になってくるのです。

そして、私は彼女にこんな言葉を投げかけてみました。

「ミユキさん、本当は結婚されたいのではありませんか？　今、好きなこととやりたいこととは再婚なのではありませんか？」

彼女はすぐにごまかしたり否定したりせず、黙ったまま自分の心の中の答えを探していました。

男性が起業しようと思った場合、たとえそれが副業であったとしても一体どのくらいの男性たちが結婚や出産、子育てや介護などプライベートな側面を考えに入れて仕事サイズや在り方を決められるのでしょうか。

今まで何人もの女性の起業家たちにお話をうかがいましたが、ご自身の仕事以外の側面を考えずに起業された方は、二十代という若さで起業された方を除きほとんどいらっしゃいませんでした。

そして、その若き女性起業家たちも三十代になると結婚や出産が現実味を帯びてきて自分はどうしたいのか、女性の幸せ、自分の幸せとは何なのかという問いに向き合うようになります。さらに四十代に入ると親のサポートや介護についても身近な課題になってくるのです。

女性が働くことや働き続けるためにはまだまだ不自由なことが多い国ですが、だからこそ仕事面だけの成功や幸せを求めるのではなく、あなたの暮らしや人生全体とのバランスをとりながら幸せな成功者になることが大切になってくるのです。

ミユキさんは、じぶんサイズ起業を始めることよりも再婚を真剣に考え、行動することを選択しました。

もちろん、プチ起業ですから再婚へのステップを並行して歩むこともできるのですが、自分の本心に気づいてしまったら、犬たちとの関わり方は仕事や商いを通して行いたいことなのか、それが本当に好きなことややりたいことなのかわからなくなってしまったと言います。

立ち止まってもいいし、起業しないという選択であってもいいのです。

大切なのはミユキさんの人生が、あなたの人生が幸せになることなのですから。

起業で出会った新しい自分

新しいことを始めたり挑戦したりすると、今までとは違った自分が見えてきます。たとえそれが失敗に終わったとしてもその過程で得た知識や経験が宝物であることを私たちは知っています。

じぶんサイズ起業を始めるとさまざまな感情や思い癖に出会い、自分の内面と向き合う必要性に迫られます。そこが売上や利益を短絡的に追ったビジネスと、圧倒的に違うところです。

これからひとり起業を始めようとするあなたに次の言葉をお伝えしたいと思います。

その言葉は、米国アップルの共同創立者の一人のスティーブ・ジョブスが、スタンフォード大学卒業式に残した有名なスピーチの一節です。

『もし、アップルを追われなかったら今の私は無かったでしょう。私が続けられた理由はただ一つ、自分のやっている仕事が好きだったということです。そしてこれは皆さんの仕事や恋愛においても同じです。皆さんも、仕事が人生の大きな部分を占めていくでしょうが真に満足するために必要なのはただ一つ、皆さんが素晴らしいと信じる仕事に取り組むことです。

そして素晴らしい仕事をしたいと思うなら皆さんがやっている仕事を愛さなければなりません。もしまだそれを見つけていないのであれば探し続けて下さい。一つの場所に固まっていてはいけません。心というものはよくしたもので見つければそれとわかるものです。

そして素晴らしい恋愛と同様に年を重ねるごとによくなっていきます。

ですから探し続けて下さい。一つの場所に固まっていてはいけません』

このスピーチの六年後、彼は五十六歳の若さでこの世を去ることとなりました。

たとえ小さなじぶんサイズ起業であっても好きなこと仕事するならば、いずれあなたの人生の大きな部分を占めるまでに育っていくでしょう。

単に収入のための副業ではなく、あなたの商品やサービスに出会ったお客様が幸せを感じ、感動してくれると信じているからこそ始めたのではないでしょうか。

新しいことを始めたり、挑戦したりすると必ず不安や怖れの気持ちが浮かんできます。私も何度も体験していますし、これからも不安や怖れに出会うでしょう。

ですが、スティーブ・ジョブスが言うように一つの場所に固まっていては何も変わりません。新しい自分に出会うこともありません。

小さな一歩を踏み出せるかどうかであなたの未来が変えられるのです。

起業する、しないの先にあるもの

さて、本書を読んで、あなたはじぶんサイズ起業を始めようと思われましたか？

それともやはりやめよう、このままが幸せと思いましたか？。

あなたがどのような選択をされたとしてもこの本をきっかけに自分を見つめる、自分を知る機会になれたのならばとてもうれしいです。

たとえ、起業しないことを選択したとしても「自分が好きなことややりたいこととは何だろう」「自分にとって幸せな家庭と仕事のバランスとは何だろう」「本当に従業員という働き方から自営業へ踏み出したいのだろうか」などと考えることは、このようなきっかけがないと日々の忙しさに流され、行わないものです。

自分と向き合う、自分を知るということは、自分らしい人生を歩むためには必要なことであり、じぶんサイズ起業を始めることよりももっと大切なことだからです。

自分と向き合うということは楽しいことばかりではありません。

ときにそれは今まで触れてこなかった、見ないようにしてきた現実や過去の体験や出来事に関わらなければなりません。

または、身内に何か起こった場合、同じように働いていても男性よりもまずは女性が仕事を見直すことを優先するような日本の家族社会の風潮に落胆し、まだまだ女性が働き続けることがむずかしいと実感するかもしれません。

しかし、どのような形態で働くとしても、まずは現在の自分ができることを始めてみませんか？

世界を相手に競争し猛スピードで走り去っていくようなビジネスだけが成功ではありません。それらは彼らにとっての成功であり流儀であり仕事サイズなのです。

あなたは、あなたの仕事や商いのスタイルやサイズで好きなことややりたいことを表現していけばいいのです。じぶんサイズ起業家とは仕事や商いを通して自分を表現したいと思った方々なのです。

すべては必然であり偶然はありません。

今あなたが置かれている環境も意味があり偶然ではないのです。

今の環境を受け入れ、そこからはじめの一歩を歩き出すじぶんサイズ起業という仕事の在り方は、一人で何役もこなさなければならない、仕事以外にやらなければならないことがある女性の方々の未来につながると信じています。

おわりに

この本を最後までお読み下さり、ありがとうございました。

家事や子育て、介護や地域や社会の役割と一人で何役もこなさなければならない、仕事以外にやらなければならないことがあるあなたが、時間を作ってこの本を読んで下さったことに感謝します。

人が成長するには三つのタイミングがあると言われています。それは、

「親になること」

「上司になること」

「独立して経営者になること」

実際にその立場になってみると実感されると思いますが、この三つのタイミングの共通点は、どれも自分の思い通りにならない、ままならないことを経験するところにあります。

じぶんサイズ起業は、プチ起業とはいってもじぶんの手で商品やサービスを生み出し、お客様へ提供するのですから、経営者への小さな一歩を踏み出したことになります。

これからあなたは、自分の思い通りにならないこと、ままならないことを体験するでしょう。しかし、その度に悩みや苦しみを乗り越えて行かなければなりません。

「私には無理」「やっぱりやめよう」という心の声があなたにブレーキをかけるかもしれません。

しかし、あなたはそれを乗り越えることによって、じぶんサイズ起業家として、人として成長してゆくのです。

と同時に、キセキのような出会いや出来事、体験もあなたを待っているでしょう。

あなたも私も強靭な心やからだではありません。悩みや苦しみ、悲しみばかりでは続けることはできないのです。

もうダメかな、やっぱりやめようと心やからだが感じたとき、人との出会いや出来事、道標が示され、小さなキセキに何度も助けられてきました。

好きなことややりたいことを仕事にしたいという個人的な願いとともに、「こんな社会になったらいいな」「こんな未来になってほしいな」というビジョンを秘めて起業するじぶんサイズ起業家が、より良い日本の、世界の明日を創ると私は信じています。


「たった一人のワクワクが、社会を変える」

あなたのワクワクが、あなたの未来も変えるのです。

この本との出会いが、あなたにとって小さなキセキになりますように。

それでは父が入院している病院へ行ってきます。

鈴木　淑子

profile

バランス経営クリエイター

鈴木　淑子（すずき　よしこ）

子どもの頃に「人はなぜ生まれのだろうか」「自分とは何者なのか」という疑問がわき、ライフワークの原石が芽生え、独学で探求を始める。社会で実務経験を積みながら、世の中の本質を求め国内外のメンターから学び研鑽。

2008年、親族の闘病生活をきっかけに働き方の変更を余儀なくされ、細切れ時間を活用しライフワークで起業を決意。

世の中の本質から女性のあらゆる人生の問題に向き合い、延べ1,000名以上へアドバイスを行う。しかし、仕事以外にもやらなければならないことを多く抱えた状況で活動を続けることはむずかしく、既存のビジネステクニックやノウハウに迷走。

紆余曲折を繰り返しながら、このような環境下でも実践できる仕事や商いの在り方「じぶんサイズ起業」のノウハウを確立。

大好きな仕事と暮らしで創る女性のためのバランス経営を実践、提唱。女性が仕事や商いを通して成長し、その生き方に自信と誇りを持ち活躍することを応援している。

Teshigotofarm 代表

HP　http://www.teshigotofarm.com/profile.html

未来につながる働き方

じぶんサイズで起業しよう！

著　者　鈴木　淑子
発行日　2017年5月26日
発行者　高橋　範夫
発行所　青山ライフ出版株式会社
〒108-0014　東京都港区芝5-13-11 第2二葉ビル401
TEL　03-6683-8252　FAX　03-6683-8270
http://aoyamalife.co.jp info@aoyamalife.co.jp
発売元　株式会社星雲社
〒112-0005　東京都文京区水道1-3-30
TEL　03-3868-3275　FAX　03-3868-6588

装　幀　溝上　なおこ
印刷/製本　中央精版印刷株式会社
企画協力　石徹白　未亜（企画のたまご屋さん）

ISBN978-4-434-23167-4